教科書指導ハンドブック

新版

小学校一学年 国語の授業

光村版

西郷竹彦 監修・文芸教育研究協議会 編集

新読書社

はじめに——教科書教材による「ものの見方・考え方」を育てる国語の授業

これまで文部科学省のかかげてきた国語科教育の目標は、時により若干の異同はありましたが、文章表現の内容がわかる力、つまり読解力を育てること、という目的は今日に至るまで終始変わりません。もちろん、読解力の向上それ自身は望ましいことには違いありません。しかし、そのことに終始してきたことの結果として、子どもたちの「ものごとの本質・人間の真実を認識する力」は、まことに憂うべき状態にあります。たとえば、あらゆる対策が講じられてきたにもかかわらず、校内における、また地域社会における「いじめ」の問題は、依然として憂慮すべき状態にあります。

何よりも、肝心なことは、国語教育も他の教科教育と同様、「ものごとの本質・法則・真理・真実・価値・意味」などの体系的認識の力を育てることにあります。「人間のわかる人間を育てる教育」をこそめざすべきであるのです。まさに人間の真実を語る文芸こそが、人間についての豊かな、深い認識を育てるための唯一の教材となるものです。他の教科教育をもって代行できるものではありません。だからこそ文科省の文芸教育の軽視は、結果として教育の荒廃を招くもととなったのです。

私どもは、「人間のわかる人間」を育てるために「ものの見方・考え方」（認識の方法）を、発達段階に即して指導していくことをめざしています。『学習指導要領』が言語事項を軸にして系統化を考えているのに対して、私どもは認識の方法を軸にした系統化を考えています。つまり、説明文教材や文芸教材だけでなく、作文・読書・言語・文法などの領域もすべて、認識の方法を軸にして互いに関連づけて指導するわけです。

このような関連・系統指導の考え方に立って、どのような国語の授業を展開すればいいかを試みました。もちろん現行の教科書は『学習指導要領』に基づいて編集されておりますから、私どもの主張との間に、あれこれの食い違いやずれのあるのは当然であります。しかし、本書では、できるだけ子どもの「ものの見方・考え方」を関連・系統的に教え育てていく立場で、それぞれの教材をどのように教材研究し、授業を展開すればいいかを解説しています。

なお、国語を「ものの見方・考え方」を軸にした系統指導することによって、それが土台になり、すべての教科を関連づけることが可能となります。国語科で学んださまざまな「ものの見方・考え方」は、各教科を横断・総合するということもありますが、むしろ、国語科などで学びとったいろいろな「ものの見方・考え方」を、対象にあわせて組み合わせるところにこそ、本当の意味での「総合」があるのです。

国語科の指導にあたっては、体系的な西郷文芸学の理論と方法を教育的認識論をもとに、過去半世紀にわたり研鑽を積み重ねてきました。その豊かな経験をもとに、私どもは、「文芸の授業」や「詩の授業」「説明文の授業」などの場を通して実践・研究の成果を世に問うてきました。この『教科書指導ハンドブック』（略称『指導ハンドブック』）もその企画の一つです。

『指導ハンドブック』は、六割以上のシェアをもつ光村図書の教科書をどのような観点で指導したらいいのか、そのポイントを具体的に、わかりやすくまとめたものです。幸いこれまで出されてきたものも好評でした。今回の教科書の改訂で教材の変更がありました。そのため、『指導ハンドブック』も部分的に手を入れたものを出すことになりました。教科書をかたわらに置いて本書をお読みくだされば、「ものの見方・考え方」を育てる関連・系統指導の内容を具体的に理解していただけるものと確信しております。

企画から刊行まで、新読書社の伊集院郁夫氏のひとかたならぬご協力をいただきました。ありがとうございました。

二〇一五年四月

文芸教育研究協議会会長　**西郷　竹彦**

光村版・教科書指導ハンドブック　新版　小学校一学年・国語の授業／**目　次**

第三章●一年の国語で何を教えるか……43

上巻

下巻

【凡例】

1　本書は、西郷竹彦文芸研会長が確立した文芸学理論と教育的認識論をもとに文芸教育研究協議会（以下「文芸研」と略称）の実践者・研究者によって著された。

2　本書は、平成27年度用光村図書小学校国語科用教科書に掲載された教材の指導の参考に資するために著された。

3　本書の主たる参考文献は、『西郷竹彦文芸・教育全集』（恒文社）であるが、必要に応じて各項の最後に関連参考文献を載せた。

4　各学年の国語科指導全般にわたる課題を「低学年の国語でどんな力を育てるか」「教材分析・指導にあたって」で解説した。

5　具体的な指導のイメージを理解してもらうために指導案例と板書例を載せた。

6　『西郷竹彦文芸・教育全集15巻』（恒文社）は『全集15巻』と略称し、『最新版西郷竹彦教科書指導ハンドブック小学校低学年・国語の授業』〈西郷竹彦著・明治図書〉は、旧『指導ハンドブック低学年』とした。

7　教科書引用文は〈　〉に入れた。一般引用文は「　」に入れた。

8　西郷文芸学理論による用語は《　》で表したが、一般的に使われている用語でも西郷文芸学理論による意味と異なる場合は《　》を使っているところがある。

9　西郷文芸学理論や教育的認識論の用語が記述されたところで必要なものは太字にした。

10　各項目単独でも利用できるようにするため、他の項目と重複した内容になっているところがある。

第一章

低学年の国語でどんな力を育てるか

この本を出版した趣旨について説明しておきます。観点といってもいいでしょう。

私ども文芸研は、長年にわたって、「認識と表現の力を育てるための関連・系統指導」を主張してきました。一年ではどういう認識・表現の力をつけるのか、二年では……、三年では……と、一年から六年まで、さらに中学・高校へと関連・系統指導することになります。ここでは、小学校一年から六年までの各学年の中心課題を明確にしていきたいと思います。つまり、小学校の各学年でどういう認識・表現の力を育てるかということを課題にします。

❶ 関連・系統指導でどんな力を育てるか

人間および人間をとりまくさまざまなものごと（世界と言ってもいい）、その真実、本質、価値、意味をわかることを「認識」と言います。

「わかる」ためには「わかり方」を教えるのであって、そのわかり方は、普通「ものの見方・考え方」と言います。

「ものをよく見なさい。」とか「しっかり考えなさい。」と言っても、どこを見たらいいのか、どのように考えることがしっかりよく見て考えることなのかを子どもたちは知りません。だから、学校で私たち教師が、小学校一年生から、一番大切なものの見方・考え方（認識の方法と言います）を具体的な教材を使って、「教材で」教えていく、学ばせていくことになります。

そして「教材で」人間とはこういうものだという、人間の本質とか真実をわからせます。これを「認識の内容」と言います。これらが国語の授業で学ばせることです。

つまり、国語科で学ぶことの一つは、ことばを通して、人間やものごとの本質や価値を学ぶ（認識の内容を学ぶ）ことです。もう一つは、「ものの見方・考え方」（わかり方＝認識の仕方、認識の方法）を同時に学ぶことです。この両面を学ぶことが大事なのです。書いてある中身からわかったことの蓄積は「認識の力」になります。しかし、もう一つ忘れてならないことは、わかり方を同時にわからせ、身につけさせていくことです。認識の方法と認識の内容の、両面がともに大事なのです。

認識の方法
認識の内容 ｝ **認識の力**

認識の方法とは「わかり方」あるいは「ものの見方・考え方」であり、認識の内容とは「わかったこと」で、それは「知識」としてたくわえられ、思想を形成します。

ところで、認識の方法（わかり方）を学ぶことは、同時に表現の方法（わからせ方）を学ぶことでもあるのです。もっとも表現の方法は、これまでの読解指導においても不十分ではありますが、一応は教えてきました。しかし、人間の本質・人間の真実、ものごとの本質・価値・

意味をとらえて表現することが本当の表現の力なのです。ですから、本当の表現の方法は認識の方法と表裏一体のものとして学ばせなければなりません。

系統指導は、認識の内容を系統化するのではなく、認識の方法を系統的に指導することです。認識・表現の方法を、一年から系統化して指導していくことになります。

系統化ということは、前と後とがつながりがあるということです。それから、ただつながっているというだけではなくて、前に対して後のほうがより一段高まっているということです。この「つながり」と「たかまり」があって、小学校六年間で子どもの認識の力が系統的に育てあげられることになります。

❷国語科で育てる力

ここで、国語科ではどんな力を育てるかをはっきりさせておきたいと思います。理科や社会科と比べてみればはっきりすることです。理科は自然について（つまり、自然を認識の対象として）、その本質や法則を認識させる教科です。自然認識の力を育てる教科です。社会科は社会や歴史などを対象として、その本質や法則や意味を認識させる教科、つまり社会・歴史認識の力を育てる教科です。

では、国語科は何をするのかと言いますと、まず何よりも人間と人間をとりまく世界を認識させることです。もう一つは、ことば、表現そのものの本質・価値・意味を認識させることです。この二つがあります。

もちろん、理科で、自然認識の力を育てるというとき、自然とはこういうものだという認識の内容を教えると同時に、自然のわかり方も教えます。たとえば、実験や観察は、科学的な認識の方法の基本的なものの一つです。この認識の方法と認識の内容の両面を理科で教えていきます。また、社会科でも社会や歴史とはこういうものだという認識の内容を教えるだけでなく、社会科学的な認識の方法も同時に教えていきます。

国語科も同じです。ことばとは、人間とはどういうものかというものごとの本質をわからせていく（認識の内容をふくらませていく）と同時に、そのわかり方（認識の方法）を系統的に教えていきます。ひと言で言えば、教科教育の基本は認識だと言えます。

理科、社会科の場合には、表現の力を特にとりたてて問題にしませんが、国語科の場合には、認識の力を育てることと裏表に、表現の力を育てる課題が付け加わってきます。

❸自主編成の立場で

長年、私どもの運動の中で自主編成が言われてきました。自主編成というのは、教師が自ら教材を選ぶということです。教材を選ぶ主体は国民です。具休的には教師です。ですから、教科書があるからそれを使うというのではなく、その子どもにどんな力をつけるかという観点で、必要な教材を選ぶということです。

❹低学年で育てる力

関連・系統指導の立場から、一、二年の教科書をどう扱ったらいいか、ということをお話しします。

◇低学年における課題――観点・比較・順序・理由

一年、二年に共通して、低学年における関連・系統指導の課題というのは、**観点**を決めてものを見る、ものを考える、あるいはものを言うというように、**観点**ということを一番基本にしています。

そのうえで、ものごとを比べてみる、**比較**するという力をつけます。比較する、比べるというのは、二とおりあります。一つは同じようなところ、似たようなところ、つまり同一性といいますが、そういうところに目をつけて見るという、**類比**です。類比というのは似たようなところを比べていくことですから、それは反復、くり返しともいいます。同じようなところが二度三度出てくれれば、これはくり返しということになります。それから、もう一つは、違いに目をつける、あるいは反対のところに目をつける、そういう差異・相違に目をつける**対比**があります。

次は、**順序**ということです。順序よくものを見る、ものを考える、ものを行うということです。順序というのは、**展開**ということにもなってきます。そして、展開、**過程**の中には**変化**があります。ときには、**発展**ということにもなります。これらをひっくるめて**順序**といっておきます。つまり、つながりとか、うつり、うごき、かわる、ともいえましょう。

次は、**わけ——原因・理由・根拠**です。もちろん、原因を考えるときには結果を同時に考えないわけにはいきませんから、原因は結果とつなげて考えていくことになります。ある結果から、なぜそのような結果が生まれたのか、その原因を考えるというように、原因と結果はいつも対になっています。根拠というのは、あることの裏づけをするということです。

ここまでが一年、二年の学習の課題ということになります。

関連・系統指導案（小学校の中心課題）

←――― 高 ―――→（1〜10）
←――― 中 ―――→（1〜6）
←― 低 ―→（1〜3）

0 **観点** 目的意識・問題意識・価値意識
真・偽 ほんと―うそ
善・悪 いいこと―わるいこと
美・醜 きれい―きたない
有用・無用 やくにたつ―やくにたたない

1 **比較**（分析・総合）
類似性―**類比**（反復）
相違性―**対比**

2 **順序** 過程・展開・変化・発展
時間・空間・因果・心情・思考・論理・意味

3 **理由**・原因・**根拠**

4 **類別**（分類・区別・特徴）
特殊・具体 ⇅ 一般・普遍
全体と部分

5 **条件**・仮定・**予想**

6 **構造**（形態）・関係・機能・**還元**

7 **選択**（効果・工夫）・**変換**

8 **仮説**・**模式**

9 **関連**・相関・連鎖・連環・**類推**

10 **相補**

（西郷試案2の2）

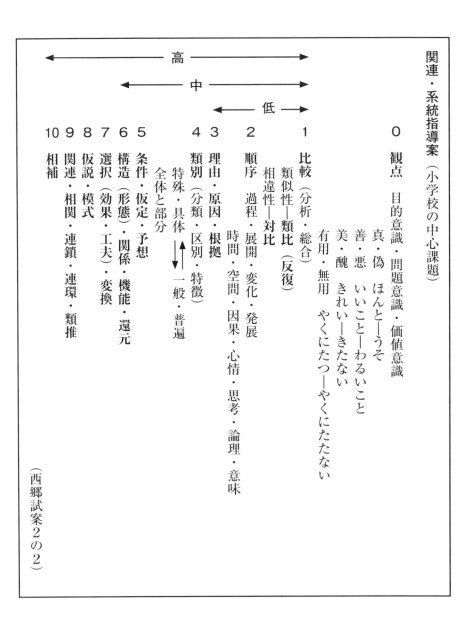

◇文字・ことば・文法の指導も課題と結びつけて

もちろん、国語の授業ですから、文字の指導、ことばの指導、文法の指導ということが、そこにかかわっています。そのときに大事なことは、必ず、今あげた系統指導の学年の課題と結びつけて指導するということです。

たとえば、対比的にものを見るということがありますから、「けれども」とか「でも」とか「つなぎことば」をとりたてて見ていきます。類比の場合、「も」という助詞や、「――したり――したり」、「――と――と――と」とか「――や――や――や」と並列する助詞に注意を向けるということになります。

それから、文字指導の場合でも、たとえば、カタカナの「カ」とひらがなの「か」は似ているけれど違います。似ているというのは類比的に見ること、違うというのは対比的に見ることです。似ているけれど違うところを押さえて文字の指導にもあたります。

筆順を教えるときには、順序とかかわって、どういうプロセスが一番合理的かと考えさせます。つまり、理由を考えさせます。実際、そのようにして筆順ができあがっているのです。

◇物語でも基本を押さえる

文芸作品では、**観点**を一年からしっかり教えてください。まず、一番重要なことは、話者の語ることばと人物の語ることばを**類別**することです。

次に、話者のことばを問題にするときに、話者がただ《外の目》で語っているのか、人物の《内の目》に寄りそっているのか、ここの違いを区別します。そうすると話者のことばの中には、人物の様子だけでなく人物の気持ちを語る場合があります。もちろん、まわりの様子、それから話者自身の気持ちや考え、態度というものを表す場合もあることがわかります。

人物のことばはカギに入れて区別します。人物のことばからどれだけのことを指導するかを押さえます。人物のことばの裏に、気持ちやものの見方・考え方、思想、性格、態度というものをとらえます。そして、くり返される言動から人物の真実・本質を認識させます。

◇教材の特質とも結びつけて

ことばのとりたて指導は、作品の内容・課題と結びつけることが大事です。

また、その教材の特質と結びつけた指導が大切です。「くじらぐも」ですと、〈も〉という助詞がくり返し出てきます。そこにこの教材の特質があります。地上の子どもたちと空の雲との関係がたえず対応してくり返されます。したがって、〈も〉をとりたててとりあげます。実は、この〈も〉は、対比と類比の関係を見事に表しているのです。ちょうど一年の課題と一致します。

◇一年で基本的なことをしっかり押さえる

なるべく早くたとえについて指導してください。比喩と声喩、どちらもたとえです。どちらもたとえであることを一年生にも教えてください。もちろん比喩と声喩は性格が違います。やがて、上の学年に行きますと、生きたものでたとえる擬人法が問題になってきます。生きたものにたとえるから活喩といいます。

二年、三年、四年となりますと、表現方法として、倒置法などがどのような表現の効果があるかといった問題が出てきます。

一年では、一番基本的なことを学ばせます。

表記でも、一年でほとんど全部教えてしまいます。たとえば、カタカナ表記の基本も一年で教えてしまいます。どういう場合にカタカナ表記にするかというと、〈キーカラカラ〉とか、〈ザーザー〉という物音をカタカナで書きます。それから外来語もカタカナで書きます。人の声も「キャーッ」というように表記します。鳥の鳴き声などもカタカナで表記します。これだけのことが、もう一年で出てきます。カタカナ表記の基本は、その三つでほとんどすべてです。外来語（外国の人名、地名）も含みます。いわゆる擬声語（声喩というべきです）といわれるもので、ほとんどすべてです。

ですから、一年の先生は責任重大です。しっかり基礎づくりをしておかないと、その上に柱を立てることができません。土台がいいかげんであれば、柱を立てても倒れてしまいます。屋根をのせる人はもっと困ります。「一年はやさしいことをあそびながらやったらいいんだ。」「あそび半分でやれば一年過ぎてしまう。」などというようにいいかげんに考えないで、一番大事な基本的なことをやるのだという責任感をもってやってください。

◇低学年では、観点・比較・順序・理由をくり返し指導する

土台をしっかりするためには、低学年では、先ほど言ったことだけをやればいいのです。観点・比較・順序・理由です。二年かければきちんとできるはずです。一日一時間、一年だと三百時間、国語をやります。その中に、作文の時間も、読書の時間もありますが、作文でも観点をふまえて書くことを指導すればいいのです。それ以外のことはやらなくてもいいし、少しふれるぐらいでいいのです。先ほどのことがしっかりできていれば十分です。観点・比較・順序・理由とこれだけです。たった四つ、それを手を変え品を変えてやります。説明文でも、作文でも、読書でも、文法でもやるということです。

実は、これらの「ものの見方・考え方」は、他の教科でも学ばせることになります。いわば、国語で「ものの見方・考え方」の基本を学ばせるということです。

第二章

教材分析・指導にあたって

❶ 視点について

◇視点人物と対象人物

すべての文芸作品は、①だれの目から描いてあるか、②どこから描いてあるか、という視点があります。

話者（語り手）はいつでも人物をわきから《外の目》で見て語っています。しかし、時にはある人物の目と心で、《内の目》で見ることもあります。どの程度の重なり方があるかで、①～の側から、②～に寄りそう、③～に重なる、という違いがあります。

話者（語り手）が《内の目》で見て語るほうの人物を視点人物と言います。見られるほうの人物を対象人物といいます。

視点人物と対象人物には、表現のうえで違いがあり、また読者のとらえ方も違ってきます（左記の表を参照のこと）。

人物	心・姿	表現	読者
視点人物（見る側）	心（内面）	よく描かれている	よくわかる
	姿（外面）	とらえにくい	よくわからない
対象人物（見られる側）	心（内面）	とらえにくい	よくわからない 会話や行動で推測できる
	姿（外面）	よく描かれている	よくわかる

◇同化体験・異化体験・共体験

《内の目》で視点人物と同じ気持ちになった読みを《同化体験》と言います。《外の目》で視点人物も対象人物も評価する読みを《異化体験》といいます。《同化体験》と《異化体験》をないまぜにした読みを《共体験》と言います。《共体験》で、より切実な深い読みができます。

◇視角

話者の《外の目》がある人物の《内の目》によりそい、重なったとき、それをその人物の視角から語ると言います。

❷西郷文芸学における《美と真実》とは

◇自然の美と芸術の美

花が美しいとか、きれいな夕焼けとか、あるいは心の美しさというときの《美》を、自然の美、素材・題材の美といいます。絵画や彫刻、音楽、演劇、文芸など芸術における美は、美しいとか、きれいというのではなく、むしろ、おもしろいとか、味わい、趣きというべきものでありましょう。これらを芸術における美、あるいは虚構における美、略して虚構の美と呼んでいます。

◇虚構（文芸）の美

文芸の美は、素材・題材の美しさと直接には関係がありません。ありふれた、あるいは醜いものでも、文芸において表現されたものは、独特の味わい、おもしろさをもっています。芸術は素材の美醜にかかわらず、虚構の方法によって虚構の美（芸術の美）を創造します。なお、虚構の美を西郷文芸学では、「異質な（あるいは異次元の）矛盾するものを止揚・統合する弁証法的構造の体験・認識、表現・創造」と定義しています。

料理にたとえると、甘さと酸っぱさという異質なものをひとつにとけあわせた風味（美味）といえましょう。

◇美の相関説

花が美しいというとき、花そのものに美があると考える立場を美の客観説といいます。花を美しいと思う人間の心に美があるとするものを美の主観説といいます。西郷文芸学においては、主観（視点）と客観（対象）のかかわりかたに美があるという相関説を主張しています。光と物と影にたとえると、光（主観）と物（客観）との相関関係によって影（美）を生ずるというわけです。光と物は実体概念ですが、影（美）は関係概念です。

美が相関的であるということは、読者の主体性が問題になるというわけです。

◇美の発見・創造

美とはあるものではありません。読者が見出し、つくりだすものです。読者が主体的に文芸作品と「対話」して、そこから発見、創造するものです。文芸（虚構の世界）とは、読者も創造（虚構）する世界であるといえましょう。

◇美の体験・認識

美というものは、まず体験されるものです。美の体験は、感動をもたらします。文芸作品の虚構の構造（美の弁証法的構造という）を読者が明らかにしたとき、それは美の認識といいます。美の認識は、さらに美の感動（体験）を深めるものとなります。

◇美のカテゴリー

美というものは、さまざまです。料理の味にいろいろあるように、文芸の味わい（美）もまた多種多様なのです。ユーモアもペーソスも美の一種です。俳諧における「わび・さび・しをり・かるみ」なども美のカテゴリーにはいります。

◇美と真実

ドイツの国民的詩人といわれるゲーテは、「詩における美と真実」という有名なことばを残しています。すべて、すぐれた文芸というものは、人間の真実を美として表現するものです。真実にはいろいろあります。たとえば、親が子を慈しむのは、親という人間の真実です。真実とは人間普遍のものです。

真実とは、読者が「なるほど、わかる」と実感できるものです。共感できるものです。そのことを人間普遍の真実といいます。

そして、そのような真実がおもしろい、味わい深いと感じられたとすれば、それは真実が美として表現されているといいます。

真実——なるほど

美——おもしろい

すぐれた文芸は、「なるほど・おもしろい」というものとしてあるといえましょう。そのことを「花（美）も実（真実）もある」とたとえています。

ところで、《美と真実》といえば、美と真実が二つ別個にあるように誤解されがちですが、美と真実は表裏一体のものです。表あっての裏、裏なき表はない――ということです。真実のありようが美なのです。美として体験していることが実は真実なのです。

◇美と真実の教育

文芸教育は他の教科教育と相まって人間観・世界観を育てる教育であり、それを美と真実の教育というありかたで実現するものです。芸術教育はつねに《美》が問題となることを忘れてはなりません。わが国の教育では、《美》の教育が軽視されてきました。知の教育に偏ってきました。いまこそ美と真実の教育を中心にすえるべきだと思います。

文芸教育において《美と真実》は究極のテーマといえましょう。

❸西郷文芸学における《虚構》とは

◇虚構とは何か

本シリーズでは《虚構》という用語が使われています。世間一般でも「虚構」という用語はよく見られる用語です。しかし、そこでの「虚構」は、「つくりごと」とか「つくりばなし」、あるいは「フィクション」という意味で使われています。それは世間一般の通念としての「虚構」の考え方です。

西郷文芸学では、「文芸とはことばの芸術であって、虚構である」と言っています。その場合の《虚構》とは、「現実をふまえて、現実をこえる世界」のことです。ですから世間一般の「虚構」の考え方とは、ずいぶん違っています。詩や俳句、短歌、物語、小説などすべてを《虚構》と言います。

◇虚構の世界

《虚構の世界》とは、日常的な常識的な意味をこえた、非日常的な、反常識的な深い思想的な意味が発見される、あるいは創造される世界のことです。これは、《虚構の世界》をつくる大事な目的なのです。《虚構》は、自分や世界を日常的な目で見るだけでなく、《虚構の目》、文芸の目で見ることによって日常のなかに深い意味を見つけ出す力をもっています。また、そのような働きをもっています。つまり、《虚構》は未来を先どりすることや、理想を先取りすることができるのです。だから現実を批判する、文明批評という機能・はたらきをすることになるのです。

◇虚構の方法

文芸作品には《虚構の世界》をつくるために、いろいろな**《虚構の方法》**が使われています。《虚構の方法》とは、現実を再構築する方法です。現実とは、日常とか常識と言い換えることができます。そのような現実をふまえながら日常や常識をこえた世界、現実をこえた《虚構の世界》をつくる方法を《虚構の方法》と言っています。比喩も一つの《虚構の方法》です。視点、構成もそうです。その他、類比・対比といった認識の方法なども《虚構の方法》です。

◇読者も虚構する

現実は私たちの肉眼で見えますが、私たちの目では見えないものもあります。それを見るために《虚構の方法》があります。それを比喩的に**《虚構の目》**と呼んでいます。文芸の世界、《虚構の世界》とは、作者が《虚構の方法》を使ってつくりますが、読者はそういう文芸作品を相手取って、読者もまた作品の世界を自分自身の読み方で読むことになります。それを「主体的な読み」と言っています。《虚構の世界》は作品の内部にあるのではなく、読者が主体的にその作品と切り結んだときに、読者と作品のあいだに生まれてくる世界です。これが《虚構の世界》なのです。それを西郷文芸学では、**「読者も虚構する」**「読者も創造する」と言っています。また、そういう読みこそが本当の「主体的な読み」になります。

読者が作品を《虚構の世界》としてとらえなければ、これは単なる文章を読んだだけのことであって、そこから深い意味を見出すことはできません。主体的に読むことで読者が逆に自分自身を批判して、乗りこえていくという可能性も出てきます。

④「単元を貫く言語活動」について

◇「単元を貫く言語活動」の縛り

改訂学習指導要領で「言語活動」が全教科で重視（前学習指導要領では「内容の取扱い」として例示されていたのが、指導事項として格上げ）され、とりわけ国語科では「単元を貫く言語活動」が強く押し出され、教科書・学力テスト・各種官製研修を通してその徹底が図られています。地域によっては指導案にも「単元を貫く言語活動」を細かく指示しているものもあります。「指導すべき項目」として格上げされた言語活動例―観察・実験やレポートの作成、記録・要約・引用・説明・論述・編集のなどの言語活動例が示され、多くの時間を割くようになりました。

学習指導要領の改訂のたび言語操作・技術主義の学習活動が増え、言語と生活の分離に拍車がかかり、子どもたちのことばの力（伝達、想像、認識・思考、表現・創造）を伸ばすことによって人間的成長をめざしていくという国語教育本来の目標からますます離れていくことに、私たちは警鐘を鳴らしてきました。

全国一斉学力テストの出題問題をみても、「読むこと」「書くこと」のどんな力が国語の学力として誘導されようとしているのかが読み取れます。非連続型テキストの「読解」「表現」として「読まない文芸・説明文教育」「書かない作文教育」の方向に授業が明らかに誘導されています。そこには、戦後日本の教師たちが理論的実践的に創造してきた現実認識を育て、人間的発達と密接にかかわるところの文芸教育・作文教育を含む国語教育全体を貫く背景をも取り去ろうとしていることは大きな問題です。

文芸教材や説明文教材の読みに時間をかけないで（「ざっくり読み」なる言葉が登場しました）、さまざまな言語活動が学習の中心となる学習風景が広がっています。言語活動例をあらかじめ示し、その動機づけに教材を扱う「単元構成学習」も教材の読みを丁寧に扱わないという点では同様です。

国語の授業で一番時間をかけなければならないのは、日本語そのもの（表記・文法・語彙・発音など）の教育と「読むこと」「書くこと」の領域です。文芸教育、科学的説明文・論説文の指導、作文教育こそ系統的な指導が必要なのです。

◇全国一斉学力テストと国語教科構造・内容の変質

全国学力テストが実施された結果、国語の教科構造・内容の強引な変更が行われました。「伝え合う力」の強調と実践の形式主義の広がりの後は、「活用力」です。「思考・判断・表現」を活用型学力とし、ＰＩＳＡ型学力調査に対応しようとしました。学力を基礎基本の習得（Ａ問題）と活用力（Ｂ問題）の二段階に分けて示しています。今までの学力テストの問題でも明らかなように、非連続型テキストの読解・討論・要約・推薦などの言語活動が具体的な問題として出題されました。

学習指導要領では、国語を三領域一事項―「A話すこと・聞くこと」「B書くこと」「C読むこと」と「伝統的な言語文化と国語の特質に関する事項」―とし、各学年相応の時間を配分しているにもかかわらず、学力テストの「C読むこと」の出題では、いわゆる説明文や物語文の読解の力をみる設問は皆無に等しいのです。「B書くこと」も要約が中心であり生活作文はもちろん登場しません。

「活用」とは場面設定を卑近な生活次元におろし、実用的な「言語処理能力」に狭めたものになっています。そもそもPISAなどの学力調査で指摘されたのは「主体的に理解し、主体的に表現できない」日本の子どもたちの問題でした。「知識基盤社会」の中で、国際競争力をどう確保するのかという人材育成の発想にとどまっており、結局教育を国家的・経済的視点からしか発想せず、平和と民主主義の発達、そして個人の生涯にわたる発達保障という視点が決定的に欠けています。

「活用力」の中身の「思考・判断・表現力」そのものには異論はありません。私たちも日々の教育活動で子どもたちに「思考・判断・表現力」、換言すれば《認識と表現の力》をつけたいと考えています。学習指導要領で「理解と表現」といっていた時代から、文芸研では《ものごとの本質や人間の真実を認識し表現する力を育てる》ことを主張し、国語の全領域を串刺しにした関連・系統指導（認識方法による関連・系統化）で実践を積み上げてきました。本書も《ものの見方・考え方》（認識方法）を育てる国語の授業づくりという観点で編集されています。

❺「伝統的な言語文化」の登場とその扱い

◇学習指導要領・国語の特徴

学習指導要領・国語は、戦後一貫して実用主義、言語活動主義の延長線上にあり、「話す・聞く」「読む」「書く」という言語活動の場面を三領域として設定し、その方向性は今改訂でも踏襲されています。しかし、従来の「言語事項」が「伝統的な言語文化と国語の特質に関する事項」に変えられ、「改正」教育基本法や「改正」学校教育法の伝統・文化の尊重、国を愛する態度（愛国心）の育成を反映したものになりました。

◇発達段階をふまえたものになっているか

小学校一・二年では、「昔話や神話・伝承など」が、三・四年では「易しい文語調の短歌や俳句」の「音読・暗唱」、「ことわざ・故事成語」の「意味を知り、使うこと」が、五・六年では「親しみやすい古文や漢文、近代以降の文語調の文章について、内容の大体を知り、音読すること」が述べられています。三・四年の短歌・俳句は、従来は高学年で扱っていたものであり、五・六年の教材を見るとほとんどが、従来中学校用教科書で扱われていたものです。

◇音読・暗唱中心の問題点

共通することは、内容の理解よりも音読・暗唱中心で、声に出して読むことでリズムや響きを身体で感じとらせようとしていることです。「伝統文化の理解は古典の学びから……日本語という言語体系そのものが日本の文化の象徴であることにも気づかせたい」（梶田叡一・中央教育審議会委員）という意図がわかります。日本語の美しさ・優秀さを強調し、愛国心・民族意識を涵養しようとしているといえます。音読・暗唱の教育的意義をすべて否定するものではありませんが、戦前・戦中の教育勅語や歴代天皇名の暗唱に代表される鍛錬主義には、抑制的であるべきです。

◇どのような扱いをすればいいのか

「説明」「報告」「メモ」「提案」「手紙」「記録」などの言語活動を扱う単元が増え、さらに「伝統的な言語文化」の増加で、限られた時間の中では、どう考えても詰め込み教育にならざるを得ません。「詰め込みでは」という批判に対して、「個々の児童生徒の理解の程度に応じた指導への転換を」と文部科学省は強調していますが、学習上の格差が拡大するのは明らかです。では、実際、子どもたちの力をつけるために教室ではどうするかです。それは、結論的に言うと、子どもの発達段階をこえた教材には多くの時間をかけないで紹介的に済ませるということです。文芸や説明文、作文指導に多くの時間をあてるといいでしょう。短歌や俳句などは、従来どおり高学年で鑑賞指導も含めて文芸教育として丁寧に扱ってほしいと思います。

❻文芸の授業をどのように進めればいいのか

文芸研では、導入の段階としての《だんどり》、展開の段階としての《とおしよみ》《まとめよみ》、整理の段階としての《まとめ》という授業段階を考えています。

◇《だんどり》の段階

授業の《ねらい》を達成するために必要な生活経験の思い起こしをさせたり、作者や作品の背景についての予備知識を与えたりして、学習に興味をもたせ、読みの構えをつくります。

◇《とおしよみ》の段階

この中には《ひとりよみ》《よみきかせ》《はじめのかんそう》《たしかめよみ》があります。ここでは、イメージの筋に沿って、その場に居合わせるように、ある人物の身になってわがことのように、また、わきからそれらの人物をながめるようにさまざまに《共体験》させます。この《たしかめよみ》に一番多くの時間をかけます。

ここで大切なことは、《ねらい》に沿って切実な文芸体験をするために視点をふまえたイメージ化や表現方法、文法をきめ細かく血の通った形で学ばせることです。

◇《まとめよみ》の段階

《まとめよみ》では、《たしかめよみ》で学んだことをふまえて、人間の真実やものごとの本質・価値・意味（思想）をとらえさせます。また、作品から自分にとっての意味を見つけること（典型をめざす読み）、作者が作品世界や人間を表現している方法（虚構の方法）を学ぶことが課題になります。

◇《まとめ》の段階

《おわりのかんそう》を書かせたり、発表させたりして、学習をしめくくると同時に、《つづけよみ》などをして、関連づけて実践したい学習への橋渡しをします。

《だんどり》から《まとめ》までの指導＝学習過程で大事にしたいことは、授業の《ねらい》を一貫させることです。

❼ 読書指導について

◇読書の目的

読書には知識を豊かにするというほかにも大切なことがあります。それは、「人間観・世界観を学ぶ」ということです。

◇文芸の授業と読書の関係

読書指導の基礎になるのは、教師と子どもの集団で、確かさをふまえた、豊かで深い読みをする文芸の学習です。この中で子どもたちに文の本質、構造、方法などの基本的な知識を与え、あわせて文芸の正しい、豊かな読み方に習熟させます。そうすることによって意欲も生まれ、進んでさまざまなジャンル、テーマ、思想をもった作品に幅広く出合うことができるのです。深く学び広く読むことが、のぞましい読書指導です。

◇つづけよみ

ある観点でいくつかの作品を関連づけることによって、深い思想を生み出すことが期待できます。幼児や小学校の段階でも、授業の展開として絵本や短い作品数冊程度で《つづけよみ》させることができます。

《つづけよみ》では、同じ作家の作品を続けて読むことが多く見られます。一人の作家の世界をひとまとまりに知ることは、多くの作家の作品をばらばらに数多く読むということとは違った大きな意味があります。作家の考え・思想を深く学ぶことができます。

《つづけよみ》には、表現方法に着目して作家の共通する特徴をつかむ読み方もあります。同じ作家の場合、作品は異なっても、どこか共通する表現方法があります。構成や表現の仕方から作家の思想に近づくこともできます。小学校高学年にならないと難しいでしょう。

◇くらべよみ

《つづけよみ》の中に《くらべよみ》という方法があります。異なる作家が書いた作品で、題材やテーマが同じであっても違う考え方・切り口・表現方法（文体）をもった作品を比べながら読むやり方です。いくつかの作品の似ているところ、違うところを比べながら読むことにより一つひとつの作品では見えなかった深い意味を読みとることができます。

◇典型をめざす読み

作中の人物と自分とを重ね合わせて考える読みです。主人公の生き方と比べて自分をふり返る読み方をすることです。また、作品に描かれた状況を、読者が生きる今日の状況と重ねることも必要です。

◇読書記録

読書記録は、読書量を競うというより《つづけよみ》をして、考えを深めた自分のための記録です。

◇親子読書

経験の違う人と一つの作品を読み、とらえ方の違いを学ぶということもありますが、家族のつながりを深めることにも役立ちます。

第三章

一年の国語で何を教えるか

❶ 入門期の国語指導

◇入門期指導の問題点

子どもたちが一年生になってはじめて教科書を手にとり、四月早々に学習します。これを普通は「入門期」と言っています。この入門期の指導についてはさまざまな考え方がありますが、その中で、まずは文字（ひらがな）を教えることが、大変重要と考えられています。

「ひらがな」に一年ではじめて出合わせることになりますが、実際は幼稚園や保育所で「ひらがな」「カタカナ」の指導をしているところが、かなり多いようです。ですから、地域によって違いはありますが、一年に入ってきた子どもの大半は、ひらがなが読める子が多くなっています。もちろん、中にはあまりひらがなが読めない子もいます。そういう意味では非常に差が大きいのではないでしょうか。一年の担当の先生が最初にひらがなの指導をするときに、子どもが同じスタートラインに着いていれば問題はないのですが、読める子、読めない子がいますから、そのあたりを考慮に入れて指導しなくてはならないという問題が出てきます。

ひらがなが読めるからといって、正しく書けるかというとそうではありません。鉛筆の正しい持ち方、指のそえ方など入門期の指導は、とても大切です。

◇入門期に中身のある生きた文章を

胸をときめかせて小学校に入ってきた一年の子どもが最初に習うのが、あまり中身のない、ただ文字を教えるためだけにあるような教材ではかわいそうです。小学校に入ってきたという一生の思い出になるようなこの時期に、本当はすばらしい文章を与えるべきだと思います。すばらしい文章というのは、中身が難しいという意味ではなく、一年の子どもにとって理解できる、しかも一生記憶に留めて、いつでもくり返し口に出しても、深い意味をもっており、大人になるまでずっと残っているような文章です。そんなすばらしい、血の通った生きた日本語、しかも中身のある文章を与えるべきではないかと思います。

「うたに　あわせて　あいうえお」

◇濁音の使用

しかし、そのためには最初からくっつきの「は」「へ」「を」や、「が」を使わなくてはいけなくなります。そのようなことから、濁音を使う教科書（光村図書）が出てきました。

この濁音を出すということのねらいは、「～が」という主語をできるだけ早く使いたいということです。今は、濁音を早く教えるようになっています。これは、長年の私の主張でした。

たとえば**「うたに　あわせて　あいうえお」**を見てください。

〈あかるい／あさひだ／あいうえお〉

以前の教科書ですと、〈あさひだ〉のような濁音を使った文が、最初から出てくることは、まずありませんでした。〈うたごえ／うきうき／あいうえお〉もそうです。〈うたごえ〉の「た」と〈あさひだ〉の「だ」、つまり清音と濁音が出てくると子どもが混乱しないかという恐れがあり、以前はこういう出し方をしませんでした。

これは、戦後国語教科書の入門期における表記法では画期的なことでした。これまで、かなり議論を重ねた結果、出てきたということを知っておいてほしいと思います。これは入門期の教科書の歴史に残る事件だったと言っていいと思います。

このようなことができるようになったために、「えを　みて　はなそう」（二六頁）で、〈なにが　いますか／さるが　います〉や〈どこに　いますか／きの　うえに　います〉のように、「が」を使うだけでもこれだけ主語や述語の整ったまとまりのある文章が出せるのです。この点では、各社の教科書とも改善されてきました。

◇「文字」指導中心から「文章」指導中心へ

私が、入門期にあっても、「文字」中心の指導から、「文章」中心の指導をすべきだと主張する理由の一つに幼稚園や保育園の指導の現状があります。そこでは、一年の終わりに出てくるようなお話、あるいはもっと内容のあるお話を使って指導がなされています。それが一年になったとたん、非常に程度の低い粗末な文章を相手にしなければならないというのは矛盾しています。そのうえ文字の指導も、全部ではありませんが、多くの幼稚園などでひらがなを読めるようにする指導がなされているのが現状で、今後ますますそのような傾向が強くなりそうです。このようなことを考え合わせても、やはり入門期というのは文字指導中心ではなく、文章指導中心になるべきではないかと思います。

◇五十音図の活用を

さて、文字指導にも少し工夫が必要だと思います。どの教科書でも、「あいうえお、かきくけこ」というように、順番に文字を書く指導がなされています。似たような字、たとえば「る」と「ろ」のようなものは、一まとまりに書き方を教えていくという工夫がされていいのではないでしょうか。

これまで濁音や半濁音の指導は、はじめのうちは「これは『だ』と読むんだ」「これは『ば』と読むんだ」というように、一つひとつ個別に教えていくようにしていました。光村本では、「かきとかぎ」のように清音と濁音の対応というものを意識した工夫をしています。

五十音図の活用も非常に大切なことです。これが頭の中にしっかり入っていますと、後々、辞書を引くときにすぐに生きてきます。一年生の段階からよく指導してほしいと思います。五十音図が発明されたのはずいぶん古い時代ですが、これが日本語の教育のうえで画期的な役割を果たしているといってもよいでしょう。

それから、五十音図の一番上の字を長く引き伸ばして読むと、「あー」や「かー」や「さー」のように、すべて「あー」という音が残ります。これらは同じように「あ」という音をもっているることが意識されます。さらに五十音図を横に読むと、「あ」という母音の列が「あかさたな」であるとか、「い」という母音の列が「いきしちに」であるといった系列が指導できます。このように五十音図を縦に読むだけでなく、横に読むという指導、さらに声に出して読む指導が大事です。

一二九頁の五十音図の使い方については、他にもいろいろ工夫してほしいと思います。

◇文字指導におけるマスは「九宮法」で

前にもどって、一六頁の「どうぞよろしく」の頁に「い」「ち」「ね」「ん」が田の字型の正方形のマスに書かれています。田の字型で指導するようになっていますが、これには異論があります。田の字型指導は、戦後そのようになりました。漢字の本家中国では、次頁上の図のような九マスの枠を使っています。「九宮法」です。マスが九つに分けられています。九つの宮があります。どのように指導するかといいますと、たとえば、「個人」の「個」を書くとき、次頁下の図のように左端の三マスに人偏の「イ」を書き、残りの六マスを使って、「固」を書きます。ところが、四つ区切りのマスでは、中の図のように左側二分の一に人偏「イ」を書き、右半分に「固」を書くと、左側が大きくなっています。まずいやり方です。中国では昔から、もちろん現在でも、九宮法を使っています。本家がそうですから日本でも習字は、この九宮法でやってきたのですが、ところがなぜか戦後どこでどうなったのか、四宮法になってしまいました。私が調べたところでは、どこにもその理由が書いていないのです。

それにしてもこう一マスを三分割にしたほうが、木偏にしても、人偏にしても書きやすいのです。うかんむりも横に三分割した一番上に書けばいいのです。しんにょうを付ける場合も、つりあいがとりやすく書けるのです。四つ区切りでは、偏と旁のつりあいがうまくとれません。このあとの促音・拗音の指導なども「九宮法」が望ましいのです。

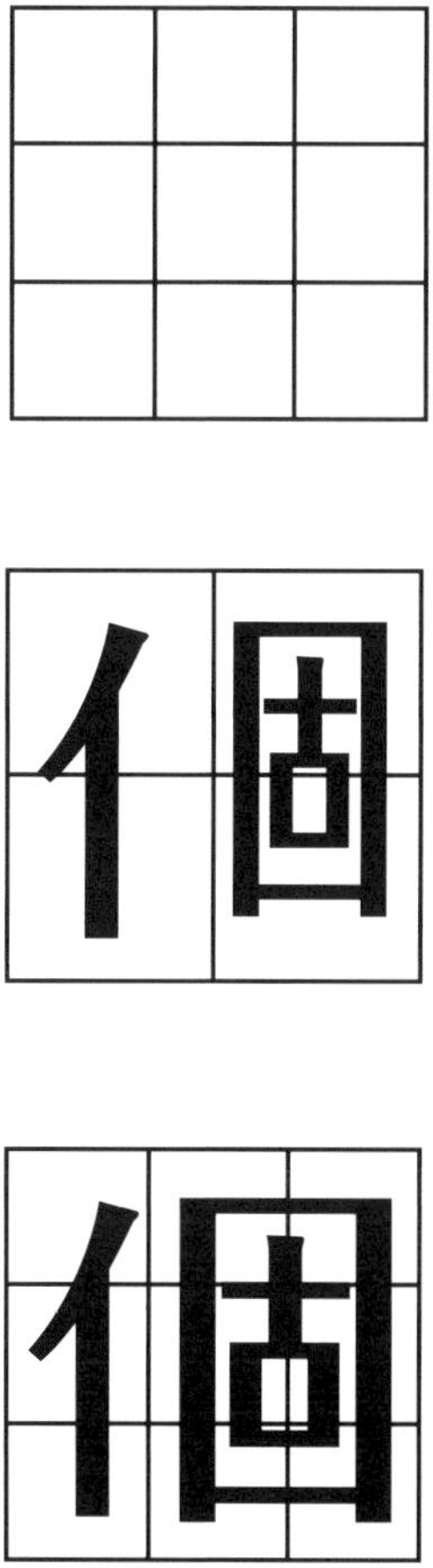

字の指導をするとき九宮法をコピーして、習字の練習をさせると、きれいに字が書けます。形がとれるのです。九宮法は合理的で、形もきれいになります。こういうことをこれから心がけてください。

（西郷竹彦）

❷ えを　みて　はなそう

◇5W1Hの指導

説明文や物語（文芸）を扱うときに「いつ」「どこで」「だれが」「なにを」「なぜ」「どうした」という5W1Hを、入門期から扱ってほしいと思います。たとえば小さい紙に「いつ」「どこで」「だれが」「なにを」「なぜ」「どうした」と書いて貼り、いつもそれを使って指導できるようにするとよいでしょう。

「**えを　みて　はなそう**」でやってみてください。ここでは「なにが　いますか。」「さるが　います。」の〈なにが〉と「どこに　いますか。」「きの　うえに　います。」の〈どこ〉が例示されていますが、〈なにを〉も補足しながら指導するといいでしょう。ひとまとまりの文章は5W1Hで構成されていると気づくはずです。

5W1Hは文章を書くうえで基本となることですから、入門期の一年生が文章を書くとき、話すとき、そして先生が子どもに話すときも、いつもこの「いつ」「どこで」「だれが」「なにを」「なぜ」「どうした」というパターンを使うように配慮しながら指導してほしいと思います。

（西郷竹彦）

③「あさの　おひさま」（かんざわ　としこ）

◇題名のはたらき

題名には、これからこんなことを勉強するよという**観点**を示すはたらき、そして、読者に興味を持たせて読みたくさせるはたらきの二つのはたらきがあります。「あさのおひさま」という題名から、読者はどんなことを思うでしょうか。まず、これから〈あさの　おひさま〉のことを勉強するのだなということがわかります。また、〈おひさま〉という言い方からは、かわいらしさとともに、明るくあたたかいイメージが感じられます。しかも、ほかならぬ〈あさのおひさま〉です。眠りから覚め、一日の始まりを告げる、明るさやエネルギーが感じられます。そんな「あさの　おひさま」でどんなことを学習するのか先を読みたくさせる題名になっています。

教科書には、題名の下に作者名が入っていません。「この詩を作った人・《さくしゃ》は、かんざわとしこさんです。」と作者名を添えて教えましょう。このあとの教材にも作者・訳者名、筆者名が明記されていない教材が続きます。指導の際は留意したいところです。次回の改訂時には、作者・訳者・筆者名を題名の下に明記すべきです。

◇七五調のリズムと声喩

二連の詩です。一連、二連という言い方は一年生から教えていきましょう。リズムに乗って楽しく音読できる詩です。どうして楽しく読めるのでしょうか。子どもたちに問いかけてみましょう。文字の数が同じだからリズムよく読めるということに気がつくはずです。

また、〈のっこり〉や〈ざぶんと〉という**声喩**が使われています。声喩は、音で様子を表す言葉です。〈のっこり〉や〈ざぶんと〉から、〈おひさま〉のどんな様子を表している声喩かを考えてみましょう。授業では〈のっこり〉と「のっそり」を《**くらべよみ**》したりすると、そのイメージの違いをとらえやすくなるでしょう。

◇話者（語り手）の人物像

この詩の**語り手**はどんな人物でしょう。全文ひらがな書きであることや、太陽ではなく〈おひさま〉と呼んでいること、〈おおきいな〉や〈あらったよ〉という言い方や、〈おひさま〉を擬人化しているところから、読者である一年生の子どもたちと同じぐらいの幼い子どもであることが想像できます。この幼い子どもは語り手であり、同時に**視点人物**でもあります。水平線から上ってきた〈おひさま〉の様子を見て、語っている人物です。大きさや赤い色に感動し、驚いたことを、声喩を使ったり、〈おひさま〉を擬人化したりして表現しています。一連、二連を**類比**すると、スケールの大きな〈おひさま〉の様子がイメージでき、今日も朝がやってきたことが楽しく感じられる詩ではないでしょうか。

◇まとめよみ

〈あさのおひさま〉と「ゆうがたのおひさま」を**対比**してみましょう。〈あさのおひさま〉を見たとき、読者である子どもたちはどんな気持ちになるでしょうか。「ゆうがたのおひさま」を見たときと比べさせてみましょう。人間は、〈あさのおひさま〉のようなおおきいまっかな様子を見たとき、自ずと今日も一日がんばるぞというやる気をみなぎらせることができますが、「ゆうがたのおひさま」を見るととてもさびしくなり、家に帰りたくなるのではないでしょうか。このように、人間は、条件によっていろいろと見方や感じ方を変えていくものなのです。

（松下由記子）

❹「はなの　みち」（おか　のぶこ）

◇「わしゃ」と「じんぶつ」——基本的用語は早くから

三二頁、「はなの　みち」（おか　のぶこ）に入ります。物語的な文章です。

〈くまさんが、ふくろを　みつけました〉というところは、〈くまさん〉のことを話者が語っています。語っている人のことを**話者**（語り手ともいう）と言います。

それに対して、〈くまさん〉というのは**人物**です。人間以外のものでも人間のように思ったり、考えたり、話したり、人間のようなことをする動物やものを全部**人物**と言います。ひらがなで「じんぶつ」と書けばいいのです。

そして、〈くまさんが、ふくろを　みつけました〉というのは、その人物が何をしているかという人物の様子を語っていることばです。この語っている人を**話者**、**語り手**と言います。「わしゃ」と書けばいいでしょう。話者が〈くまさん〉のことを語っていることばです。「　」に入っているところは〈くまさん〉のことばです。人物のことばをふくめてすべてを語っているのが話者（語り手）です。

人物のことばは「　」に入れます。話者のことばのところを**地の文**といいますが、地の文ということばは、まだ教えなくていいと思います。

一年生から話者とか人物ということばを教えるのかと驚く人がいますが、こんなに簡単なことはないと思います。子どもはすぐ覚えます。それを教えれば、この後の授業をスムーズに運ぶことになり、子どもたちが文章を読み、考えるうえで、確かな足場になるのです。基本的な概念とそれを表す用語は、なるべく早くから教えたほうがいいのです。

「くまさんというのは、『じんぶつ』というのだよ。この中には、他にどんな『じんぶつ』が出てくるかな。」と子どもに聞きます。子どもたちはすぐ〈りすさん〉と答えるのではないでしょうか。〈くまさん〉のことや〈りすさん〉のことを語っている人を話者と言います。

〈くまさん〉の話していることばは、〈「おや、なにかな。いっぱい　はいって　いる。」〉というように「　」に入っています。〈りすさん〉のことばはありませんが、〈くまさん〉のことばはあります。

話者が語っていることばがあります。〈くまさんが、ともだちの　りすさんに　ききに　いきました〉は、話者が誰のことを語っているのかと言いますと、〈くまさん〉のことです。〈りすさん〉のことを語っているのではありません。「くまさんがどうした」ということを語っています。くまさんが、〈ともだちの　りすさんに　ききに　いきました〉ということを語っているのです。〈くまさん〉のことを話者が語っていることをしっかり押さえておきましょう。

◇文の前後をひびき合わせて読む

〈くまさん〉は、何を聞きにいったのでしょうか。前の文とひびき合わせますと、袋の中に入っているものが何かわからないので、「何かなぁ。」ということを〈ともだちの　りすさん〉に聞きに行ったことがわかります。〈「おや、なにかな。」〉と言っています。〈くまさん〉は、何が入っているのかわかりません。読者ももちろん何が入っているのかわかりません。だから、読者も何が入っているのかなあと興味がわいてきます。文章には、前と後の流れにひびき合いがあることを押さえて指導してください。

「何を聞きに行ったのかな。それは、どこからわかるかな。前に言っているくまさんのことばから、それがわかるね。」というふうに指導します。

次に〈くまさんが、ふくろを　あけました。なにも　ありません。「しまった。あなが　あ

いて　いた。」〉ということは、りすさんのところへ聞きに行くまでの間に、袋の中に入ってい るものが全部、その穴からこぼれてしまったのだなということが、後先のつながり、ひびき合いからわかります。

そして、〈あたたかい　かぜが　ふきはじめました〉は、〈くまさん〉の様子ではなくて、まわりの様子です。様子には、人物の様子、人物をとりまくまわりの様子、ものごとの様子、この三つがあります。

◇書いてあることから裏を読む

〈ながい　ながい、はなの　いっぽんみちが　できました〉。この〈はなの　いっぽんみち〉というのは、何でしょう。それは、〈くまさん〉が歩いて来た道です。〈くまさん〉の歩いて来た道に、袋の中からずうっと何かがこぼれていたのです。何がこぼれていたのでしょう。それは書いていませんが、書いてあることをひびき合わせて考えればわかります。文章の裏にある事実を推理判断します。すると、あれは花の種だったのだということがわかります。その花の種が、歩いて来た道にずうっとこぼれていたことがわかります。そして、〈あたたかい　かぜが　ふきはじめ〉たというのは、春になったということです。だから、そこに芽が出て花が咲いたということがわかります。

〈くまさん〉の家から〈りすさん〉の家までの道がきれいな花で飾られたので、よかったなあというお話です。袋の中身はこぼしてなくなったけれども、何が入っていたのかわかったし、おまけに花もきれいに咲いたので、めでたし、めでたしということになるわけです。

文章というものは、後先がひびき合っていますから、ひびき合いを押さえて考えたり、文章の裏を読みとったりする力を育てることができます。

◇初読と再読をふまえた因果関係の思考訓練

この用語は教えなくてもいいのですが、**初読と再読**ということについてお話します。〈くまさんが、ふくろをあけました。なにも　ありません。「しまった。あなが　あいて　いた。」／あたたかい　かぜが　ふきはじめました。／ながい　ながい、はなの　いっぽんみちが　できました〉とあります。ここまできてからあらためて読み返しますと、あの袋の中に入っていたのは、花の種だったんだなあ、それが、袋の穴からこぼれて、そのあとに花の一本道ができていったのだとわかります。後から読み返して、つまり再読することでわかります。**因果関係**を押さえるという思考の訓練になります。

◇句読点の問題

それから、「くまさんが、（読点）ふくろをみつけました。（句点）」となっています。私は一年からの指導では、読点の指導はいらないと考えています。読点を打っても、どこに打ったらいいか子どもにはわからないでしょう。これは、文の構造がだんだんわかってきた段階でないと指導できません。「マル」をつけるところは一年から教えることができます。ところが、

『テン』を打ちなさい。」と指導すると、作文のときには、やたらと打つということにもなります。そこで教師が、「ここは打ってはいけない。」と言っても、なぜそこに打ってはいけないのか指導ができないことが多いはずです。だから読点の指導はないほうがいいのです。分かち書きにし、一字空いていれば十分理解できるところです。句読点のところは、そういうふうに理解しておいてください。

◇句点（マル）の指導

教科書では一年からずっと句読点が打ってあります。日本語の場合、文末には、まず「です」「ます」という現在形があります。そして「でした」「ました」という過去形があります。それに、「でしょう」「ましょう」「ません」があり、そして、その後に「か」がくっつく疑問文があります。文末は、たったこれだけしかありません。要するに、そういうことばがきたら文の終わりなのですから、句点（マル）をつけるところはわかりやすいのです。

そういう意味で、日本語の文末というのは非常にはっきりしているし、単純なのです。これが英語やフランス語になると、文末の形が決まっていません。文末の形が決まっていないので、きちんとピリオドを打たないと文が終わったということがはっきりしません。「テン」を打たないでそのまま書くと、どこで切れているのか、つながっているのかわからなくなってしまいます。ですから、大文字で書き始めるということも、「テン」を打つということも、普通のヨーロッパの文章の場合には合理性があるわけです。

ところが日本語の文章の場合には、書き始めを大文字にする必要はありません。極端に言いますと文末に「マル」をつけなくてもわかるのです。私どもが戦前に教育を受けたとき、中学校の国語の先生は、「目上の人に手紙を出すとき、句読点を打ったりしては失礼だよ。」と言われたものです。なぜかというと、句読点を打って書くということは、相手に対して「あなたは日本語がちゃんとわかっていないでしょう。だから教えてあげますよ。ここが文の終わりですから『マル』をつけますよ。」と言うに等しいというのです。

日本語の場合、口語文法でも文語文法でも、文末はほとんど決まっていて、たくさんの種類はありません。ですから口語で書こうと文語で書こうと、文末がはっきりしているので、あいまいになってわからないということはめったにありません。だから、句読点を使わないで手紙が書けるのです。

一年生でも日本語の文の終わりはよくわかります。「文末に『マル』をつけなさい。」と言うと、たいてい間違えずに「マル」がつけられます。「ここで文が終わった」という文の終わりの意識は、小さいときから話していますから大体できます。それをはっきりと意識化させることが、入門期では必要だと思います。

◇読点（テン）の指導

戦後になると、ヨーロッパ風に必ず「テン」や「マル」をつけることになりましたが、「マル」をつけるということは、先ほど述べましたように、一年生でもできます。ところが「テン」をつけるのは大変なのです。

教科書の編集委員の中には国語の専門家、中でも文法の専門家がおられます。各教科書の一番後ろを見ますと○○大学教授とか書いてありますが、文法の専門家がおられます。そうすると、その方の文法理論によって、「テン」を打つところが違ってしまうのです。ですから、同じ作家の同じ文章でありながら、Aの教科書では「テン」が打ってあるのに、Bの教科書では「テン」が打っていないということが起こりうるのです。

このように、日本語の場合「テン」をどこに打つかについては、なかなかすっきりした理論がありません。それぞれの方がそれぞれの立場で、それぞれの「テン」の打ち方を主張しています。共通するところもありますが、違いもけっこうあるのです。こうした事情もあり、先生方もどこに「テン」を打つかということをきちんと指導できないのではないかと思います。「なんとなくここに打ったほうがいいな。」ぐらいの感じでやっているのではないでしょうか。教科書を見ると「テン」が打ってあるから、視写するときには「そこはちゃんと『テン』を打ちなさい。」ぐらいの指導しかできないと思います。

ですから、一年生のときには、「マル」をつけることだけ、しっかり指導されたらいいと思います。文の意識をつけるために必要だからです。「テン」を打つことはあまり言わなくてよいと思います。ただし、教科書を写すときに、「『テン』を打ってあるところには、『テン』を打ちなさい。」ということと、「『テン』と『マル』は、一字分とるんだよ。」ということは指導しておいてください。

（西郷竹彦）

❺ ぶんを　つくろう

「。」「まる」（句点）の指導とあわせて「ぶん」（文）という用語と、文は主語と述語で構成することを気づかせます。『はなの　みち』の中でも出てきた「〜が　〜する。」という文型から入っていいます。「〜は　〜する。」の主格を表す助詞は「が」から「は」の順序がいいと思います。「くっつきの〈は〉〈へ〉〈を〉」の学習の時に、「〜は　〜する。」の文型を教えればいいでしょう。

（上西信夫）

❻ ねこと　ねっこ

◇促音の指導

「はなの　みち」で読めるようになった促音を書く学習が四二頁です。〈ねっこ〉〈きって〉〈らっこ〉という、つまる音です。促音の指導で注意してほしいのは、一拍とるということです。促音のあることばに〈はらっぱ〉というように傍点をつけて読むときに、〈は・ら・っ・ぱ〉と、指示棒で一字一字指示しながら、（促音の「っ」は発音しませんが、）〈っ〉と詰めて一拍とします。このように拍子をとりながら、指導してください。これは、音楽でリズムをとって歌うときにも必要なことですから、促音は一拍とることを、しっかり指導してください。

四三頁の田の字型の〈きって〉の「っ」を見ると、四等分した右上に書きますから、小さいでしょう。ところが、同じ頁のマスに書いていない〈ねっこ〉〈しっぽ〉等の、「っ」はもっと大きくなります。九宮法のマスを使うと、九等分した四つを使って書きますから、この書き方がちょうどよい大きさになります。ですから九マスとるということが大切です。

（西郷竹彦）

❼ わけを　はなそう

◇「わけ」を話すことの教育的意義

文芸研では、**原因・理由・根拠・論拠**といわれるものをひっくるめて**「わけ」**と総称しています。「わけを　はなそう」では、**理由**にあたることを話す指導をします。

四四頁に、笑っている、泣いている、驚いているという三人の人物の挿絵があり、「きもち」がわかります。しかし、なぜ笑っているのか、泣いているのか、驚いているのか、そのわけはわかりません。そこで、それぞれの「ようす」のわけを下の挿絵から選んで「〇〇さんはわらっています。どうしてかというと、あさがおのめが、出たからです。」「〇〇さんはないています。どうしてかというと、石につまづいてころんだからです。」というように話をさせるのです。もちろん、自分のこととして、「わたしは、かなしいです。どうしてかというと、ボールをとられたからです。」というふうに話させてもいいでしょう。「どうしてかというと」の後に対応することばとして必ず「からです。」ということばがくることを身につけさせることです。

一とおり言えるようになったら「そのわけは、～だからです。」「それは、～だからです。」という言い方や、「ないているのは、～だからです。」のように一文で言う話し方があることにもふれてみてはどうでしょうか。

気持ちの**わけ**を話すことは人とつながる第一歩であり、自分の言動に責任をもつという教育的意味もあるのです。


（髙橋睦子）

❽おばさんと　おばあさん

◇長音

四六頁では、〈ゆうやけ〉とか〈おばあさん〉というふうに長音が出てきます。一ページの中にア段からオ段まで扱っていますが、ア段の長音はア段の文字に「あ」をそえる。イ段の長音はい段の文字に「い」をそえる。ウ段の長音はウ段の文字に「う」をそえると、長音の原則を教えます。問題はエ段とオ段です。表音主義の原則を貫けば、エ段・オ段の長音も「え」・「お」をそえるとなっていればわかりやすいのですが、歴史的仮名遣い等の名残があり、例外があります。エ段は「れいぞうこ」「めいれい」のように「え」にならず、「い」になること。「オネーサン」は例外で「おねいさん」ではなく「おねえさん」と書くこと。また「せんせい」と書いて、「センセー」と読む（九州や四国ではセンセイと発音）ことなどの押さえが必要です。オ段の例外措置は、旧仮名遣いとの関係で「お」と表記する厄介な特例措置が二〇ぐらいあります。現場では「とおくの　おおきな　こおりのうえを　おおくの　おおかみ　とおずつとおった」と教えている先生が多いと思います。「ほのお」「ほおずき」とあわせて定着させたい入門期の指導事項です。

（上西信夫）

⑨「くちばし」（むらた　こういち）

◇表現の形式と表現の内容

説明文を扱うときは、まず、表現の形式と表現の内容に**類別**して見ていくことが大切です。表現の形式とは、表現の仕方のことをいいます。どういう書き方をしているのか、話の仕方や話の進め方はどうなっているのかということです。

一方、表現の内容は、表現の中身のことです。どんなことが書いてあるかという、書いていることがらを表したものです。

◇先に問いかけの絵と文章を

最初の挿絵には、鳥のくちばしだけが出ています。見てすぐには何の鳥かわかりません。わざと伏せてあるのです。一番目に、〈さきが　するどく　とがった　くちばしです。／これは、なんの　くちばしでしょう〉と書いてあり、読者にいったいこれはどういう鳥かなと考えさせるようにしています。

次頁を開けますと、〈これは、きつつきの　くちばしです。きつつきは、とがった　くちばしで、きにあなを　あけます〉と書いてあります。とがっているわけは、木の中にいる虫を食べるためです。とがったくちばしをしているから、木に穴をあけるために便利になっているのだな、ということがわかります。

かつての教科書では、問いかけの絵と答えが見開きになっていました。それでは芸がありません。そこで、問いかけの絵を先に出して、一頁めくってから答えと絵と文章が出てくるようにすることを提案し、こういう形になりました。たいていの教科書は、問いと答えが同じ頁に並んでいます。それでは、子どもは考えずに答えを見てしまいます。芸がありません。仕掛がありません。

◇表現方法（問いと答えの形式）の類比

次に、〈ふとくて、さきが　まがった　くちばしです。／これは、なんの　くちばしでしょう〉という問いがあって、〈これは、おうむの　くちばしです〉と次の頁に答えが出ます。さらに、〈おうむは、まがった　くちばしの　さきで、かたい　たねの　からを　わります〉と、くちばしの使い方が出てきます。

二つの例が出てきましたが、一番目と二番目の事例は違いますが、表現の方法はまったく同じです。問いの形式と答えの形式が同じになっています。くり返しであり、**類比**されています。ここをしっかりと押さえて指導しないといけません。

◇表現内容は多様

しかし、表現内容はそれぞれ違います。多様性があります。なぜ違うかというと、鳥のえさ、生活環境がそれぞれ違うからです。生活環境が違い、えさのある環境が違うとえさのとり方が違ってきます。だから、そのために使う道具としてのくちばしの形も違ってくるのです。進化の過程において都合のいい形になってきたのです。

たとえばツルやサギといった鳥のくちばしは非常に細長くなっています。それは、長い足で水の中に入り、上からつついて魚を獲るためにふさわしい姿や形をしているからです。ところが、カモやガチョウといった水鳥は逆に足が短く、水かきがついています。同じ水鳥でも、泳ぎながらときどき水の中に首をつっこんで魚を獲る鳥は、ツルやサギとはまったく違ったくちばしや足の形になります。

そのことを教えたら、ここから指導を広げてはどうでしょうか。たとえば五五頁の〈かわせみ〉や〈すずめ〉の写真を使って、子どもたちに同じように問いと答えの文をつくらせてみることも大切です。題材も子どもたちが興味をもちやすく、内容も理解しやすくなっていますから。

ここまでで、表現には**表現の形式**と**表現の内容**の両方があることを学ばせることになります。

次に、表現の方法である**類比**をしっかり教えることです。さらに、表現の内容はそれぞれの多様性があることを教えます。つまり、**条件**に応じて、それに対応させ、くちばしの形や長さが決まってくるということです。下巻の「じどう車くらべ」も同じ発想になっていますので、発展的に扱えばいいと思います。

（西郷竹彦）

⑩おもちゃと　おもちゃ

◇拗音

五六頁に拗音が出てきます。〈じてんしゃ〉とか〈あくしゅ〉の指導でも、小さく書くというところを押さえることになります。〈じてんしゃ〉という拗音は、〈しゃ〉で一拍とります。〈じ・て・ん・しゃ〉と指示棒で、黒板をたたきながら、音をたててやると非常によくわかります。促音の扱いと少し違います。

文字の学習で子どもたちがつまずくのは、先の長音、促音と拗音・拗長音、くっつきの「は・を・へ」です。きゃ・きゅ・きょのような拗音も、「キャー・ア」とのばして「あ」がでてきたら「ゃ」、のばして「う」がでてきたら「ゅ」、のばして「お」がでてきたら、「ょ」と子どもたちに気づかせることです。

（上西信夫）

11 おもいだして　はなそう

班のような小グループで、心に残っていることを二文程度で話し、聞く活動です。詳しく知りたいところを聞き手役の子が質問します。このような小グループでの活動の後、朝の会のコーナーに位置づけるといいでしょう。

「えを　みて　はなそう」単元のときも述べましたが、話し手は５Ｗ１Ｈを意識して話すことです。

（上西信夫）

12 「あいうえおで　あそぼう」（なかがわ　ひろたか）

六〇頁の「あいうえおで　あそぼう」は、これでもいいのですが、谷川俊太郎の「あいうえおの　うた」が手に入れば、それを使われることをお勧めします。「たちつてと」の行と「さしすせそ」の行は、イメージが非常に違います。イメージの違いがはっきりわかる絵本があります。ぜひ、これを参考にしてください。谷川俊太郎だけでなく、まど・みちお、工藤直子、阪田寛夫など多くの詩人は「あいうえお　うた」を作っています。

リズムよく音読・暗誦をしてください。

（西郷竹彦）

⑬おおきく　なった

生活科のアサガオの観察とあわせた指導が効果的です。観察の観点が「いろ・かたち・おおきさ・たかさ・ふとさ…かず」と示されています。一人の子が示されている観点を網羅することはこの時期の一年生には無理です。それぞれの子どもの観察の観点の良さを評価し、交流しあうことです。

一二四頁に「よこがきの　かきかた」が〈ふろく〉であります。最初から罫線ではなく、マス目の用紙で横書きの書き方（運筆の方向・句読点の打ち方）をていねいに指導してください。

（上西信夫）

⑭「おむすび　ころりん」（はそべ　ただし）

◇カギのないことば、話者のことば

六六頁の「おむすび　ころりん」を見てみましょう。これはなんということはない教材です。できれば本物の内容、子どもの心に一生残る文章に出合わせてほしいのです。ただおもし

ろいということではなく、本物がほしいと思います。

ここで気をつけてほしいことをいくつかあげておきます。

〈むかし　むかしの　はなしだよ〉は、**話者（語り手）**のことばです。〈やまの　はたけを　たがやして、おなかが　すいた　おじいさん〉も、話者のことばです。〈そろそろ　おむすび　たべようか〉は、なんでしょうか。話者のことばと思ってしまいます。しかし、これは、あのおじいさんが言っていることば、あるいは心の中で言っていることばです。おじいさんの言っていることばだから、カギに入れるといいという考えと、外すほうがいいという考えがありますが、どちらも一理あります。

本来、日本語には、カギをつけませんでした。カギをつけるようになったのは、ヨーロッパの文章が日本に入ってきてからです。しかし、すべては話者が語っていることばです。カギに入れたことばでも、話者が「人物は、このように話したよ。」と言っているのです。話したのは人物ですが、それを語っているのは話者です。ですから、カギに入れようが入れまいが全部話者のことばになります。カギを入れてもはずしても変わりません。

ヨーロッパの理論では、直接話法とか間接話法とかいうことで、カギに入れる入れないが問題になります。日本語の文章では、カギも句読点もありませんでした。そういうものは、余計なわずらわしい、見た目にもよくないという美意識もありました。たとえば、濁音のところでも、濁音をつけないというきれいさっぱりした表記法をとっていたのです。話者が全部語る、話者が人物のことばも語ることが建前になっています。ですから日本語の場合カギに入れようが入れまいが、全部、話者が語っていることばになります。ただ人物の言っていることを話者が語るという考え方なのです。ここで、〈そろそろ　おむすび　たべようか〉というのは、おじいさんが心の中で、自分の気持ちを言っているところだと押さえておく必要があるでしょう。〈まて　まて　まてと　おじいさん〉というところまでの〈まて　まて　まて〉はおじいさんの言っていることばです。

◇声喩

さて、〈すっとんとん〉は、〈ころころ〉とともに声喩といいます。一年の教科書から声喩はいっぱい出てきますから、とりたてて教えてください。

声喩は、音で様子を表すことばです。後のほうに出てきますが、「様子を表すことば」というと、形容詞と間違われます。形容詞も様子を表すことばです。どの教科書も擬態語・擬声語を、「様子を表すことば」という言い方をしていますが、ひらがなでいいですからきちんと「せいゆ」と教えてください。簡単なことです。擬声語・擬態語と分けないで、「〈ざぶざぶ〉とか〈ころころ〉とか〈ぴょんぴょん〉は、『せいゆ』と言うんだよ。」と教えてください。

（西郷竹彦）

⓯ たからものを　おしえよう

先の「おもいだして　はなそう」系列の発展教材です。自由題だったのが、「たからもの」にテーマをしぼっています。なぜ自分にとって「たからもの」なのか、理由をそえることがポイントです。「たからもの」がゲームやカード類に片寄らない事前の指導が必要です。テーマからそれず、理由をそえて話すことは大切な指導事項ですが、何よりもこの話し合い活動からその子らしさを共感的に受け止め、お互いの理解を深めることです。

（上西信夫）

⓰ ⓗⓐⓞⓔを　つかおう

七六頁は、「はをへを　つかおう」です。ここは、「くっつき」の「は・を・へ」を学ばせます。普通は「は・へ・を」と言います。「は・を・へ」とは言いにくい。順序はどちらでもいいですから、言いやすいほうがいいでしょう。「くっつき」ということは用語として教えてください。これをきちんと指導しないと、五、六年になってもできない子どもがけっこういます。五、六年になってからでは遅いのです。一年の段階でやらないと、身につきません。特に気をつけて指導してください。「～は」「～へ」「～を」という言い方をくり返して、「そこは

『〜は』と書くんだよ。でも読むときは『ワ』と発音するんだよ。」と指導するとよいでしょう。これは大事にしてほしいところです。

（西郷竹彦）

17 すきな　こと、なあに

「たからものを　おしえよう」は話す・聞く活動でしたが、それを文章に書く活動につなげます。

「（だいめい）　なまえ……作文には作者名を書く
ぼくは、○○をすることが、すきです。…………主語・述語の文意識　句読点
○○を〜と、△△からです。」…………理由

と文型に当てはめて書くようにします。

（上西信夫）

18 「おおきな　かぶ」（ロシアの　みんわ／さいごう　たけひこ　やく）

「おおきな　かぶ」では、**観点**、**比較**（特に**類比**）、それから**順序**、**理由**といった、ものの見方・考え方（**認識の方法**）を頭において、どういうことを、どうわからせたいか（これを**認識**

の内容といいます〉を考えてみてください。まず、〈あまい　あまい、大きな　大きな　かぶに　なりました〉というところまで、どんな授業をすればいいか、何をねらって授業をすればいいかを考えてみてください。

◇読解指導でねらうもの

文芸の文章、物語の文章の指導は、「ようす」と「きもち」を読みとることが中心に行われています。つまり、人物の「ようす」、言ったりしたりしていること、身なり、顔つきといった表情、周りの「ようす」、ものごとの「ようす」、そして、人物の「きもち」などを読みとることをしています。それから、なぜそんなことをしたか、なぜそういう「きもち」になったか、という「わけ」を読みとっています。

「ようす」は全部書いてありますが、「きもち」は書いてあるとは限りません。「わけ」もそうです。たとえば、この「おおきな　かぶ」では、人物の「ようす」、かぶの「ようす」は書いてあります。おじいさんがかぶの種をまいたというのは、人物の「ようす」です。〈あまい、あまい、おおきな　おおきな　かぶに　なりました。〉というのは、かぶの「ようす」です。その後も全部、「ようす」が書かれています。おじいさんの「きもち」は書いてありませんが、おじいさんのことばの裏に「きもち」を読みとることができます。

「ようす」というのは、人物の言っていること、していることすべてです。それから、かぶの「ようす」もあります。「きもち」はもちろん、わけなどどこにも書かれておらず、書かれているのは全部「ようす」です。もちろん物語には、「きもち」を書いてあることもあれば、わけが書いてあることもあります。しかし、基本になるのは、やはり「ようす」です。「ようす」は客観、「きもち」は主観といっていいでしょう。

読解指導では、「ようす」と「きもち」を読みとります。「ようす」を読みとらせ、「きもち」を読みとらせ、「わけ」を考えさせます。それから、人物の「ようす」を見てどう思うか、この事件についてどう考えるかを問題にします。これは、書いてあることではなく、書いてある文について思ったこと、考えたことを言わせるものです。感想・意見などのことです。

そのうえに、文字指導や文法の指導をつけ加えます。

私が主張してきたのは、このような読解力をつける指導、つまり読解指導ではなく認識の力を育てることです。認識の力とは、人間やものごと、国語科でいえばことば・表現（**認識の対象**といいます）について、人間の真実や人間の本質、ものごとの本質、ことばや表現の本質、価値、意味といったことがわかる力です。この力を教材で育てたいということです。

ようす きもち } わけ	どう思うか どう考えるか

人間・ものごと ことば・表現 }	本質・法則 真理・真実 価値・意味

◇観点のはずれた授業

では、いわゆる読解指導と、私（西郷）が言っている認識力をつける指導では、どう違うのでしょうか。

読解指導では、たとえば、書き出しの場面をどのように指導しているのでしょうか。私もいろいろなところで授業を見てきました。「おおきな　かぶ」について書かれている教材研究や授業記録なども見ました。ここで何をやっているかといいますと、おじいさんの「ようす」、それから、どのくらい大きなかぶになったのだろうというかぶの「ようす」をいろいろと想像させています。種をまくときにおじいさんはどのようなまき方をしただろうかと、そのまき方

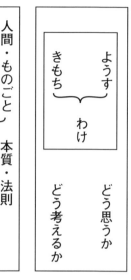

まで想像させています。〈「あまい　あまい、かぶになれ。」〉と言ったときのおじいさんは、どんな口調で言ったのだろうと、「ようす」を想像させています。

要するに、みなさんが書く教案には、「様子を読みとらせる、気持ちを読みとらせる」などと書くのではないでしょうか。それから、そうなった「わけ」を考えさせ、そして、どう思うか、どう考えるかを言わせる、となるのではないでしょうか。ですから、「ようす、きもち、わけ、どう思うか、どう考えるか」だけなのです。あとは、種をまいたら、他に何をしたのだろう、水をやっただろうかとか、草もとっただろうかとか、虫もとったとか、いろいろ想像させるのではないでしょうか。

また、おじいさんだけでなくて、おばあさんも連れてきただろうとか、犬などが入らないように囲いをしただろうとかいうこともやっています。〈おおきな　かぶ〉は、どのくらいの大きさだろうと想像させ、このくらいとか、あのくらいとか、一つだけ大きなかぶだったのだろうか、みんな大きなかぶだったのだろうか、と余計なことをいろいろやっています。

◇本当の表現力を

私からいえば、そのような授業は無駄であるだけでなくて有害なのです。なぜかというと、不必要なことをやることは、ただおしゃべりさせるだけです。ただのおしゃべりは、本当の表現力ではありません。本当の表現力というのは、真実を語る、本質を語る、価値を語るものでなければいけません。ここを間違えてはいけません。

ところが、実際に授業をしますと、かぶの種をまくときの「ようす」をいろいろ想像させたりします。なぜなら、他にやることがないと思い込んでいるからです。この教材で一時間授業をするときに、書いていることはわかるでしょう。〈かぶ〉や〈おじいさん〉や〈あまい　あまい〉もわかるでしょう。種は、どんな色をしているか、どのくらいの大きさかというのはわからないでしょうが、わからなくてもいいのです。この教材はかぶについての説明書でもないし、農業技術の指導書でもないのです。そこを間違えてはいけません。また、かぶを育てるためには、どれだけの苦労をするかを書いているわけではありません。それはそれでまた大事なテーマですが、それは別にどこかでやればいいことです。ここでは、かぶをつくるためには、どれだけ苦労しなくてはならないかは書かれていません。書いていないことを一所懸命想像させて、労働の大切さということを教えたと、得々としている教師がいます。これは、**観点**がずれた指導です。労働について考えさせることがいけないのではありません。ここでは、労働について考えることが観点ではないというだけです。つまり、この教材のテーマではないのです。

この文章のテーマは、労働ではありません。一つの文章は、ある一つの観点で書かれています。ということは、結果として一つのテーマ、**主題**をもっているということです。主題以外のことをあれこれ広げてやることは、要するに、余計なおしゃべりをやっていることなのです。作者は、主題にとって必要なことは書きますが、不必要なことは書かないものです。

◇読解力は育っても

ここで必要なことは、おじいさんがかぶの種をまいたという事実が大事です。突然どこからか、かぶが降ってきたのではありません。おじいさんが、ちゃんとまいたということです。つくったということです。それから、〈「あまい　あまい　かぶに　なれ。おおきな　おおきなかぶに　なれ。」〉と願ったこと、そして、そのとおりになったことだけが必要なのです。これ以外には何も必要ありません。水をかけたことや肥料をやったことは、想像してもいいけれども、しなくてもいいことです。

今までの国語教育で、「ようす、きもち、わけ、どう思うか」ということばかりやってきたものですから、今、言ったような授業になってしまうのです。どの教材でも、一年から六年までそればかりやってきたのです。

文章の表現の内容は、「ようす、きもち、わけ」しか書いてありません。『戦争と平和』のようなトルストイの長編小説でも、表現の内容は、結局は「ようす、きもち、わけ」、それしか書いていません。ですから、表現の内容を読解する、読みとるといえば、やはり「ようす、きもち、わけ」になります。あとは、読者がどう思うか、どう考えるか、ということがあるだけです。

これでは、読解力は育ちますが、ものごとの本質、ことばや表現の本質、人間の本質をわかる力を育てることにはならないのです。いくら読解力が育っても、それは、ただ文章がわかる力になるだけです。それが、そのまま人間の本質とか真実、ものごとの価値がわかる力になるわけではありません。

◇順序の意味――〈あまい〉と〈おおきい〉

では、いったいこの教材でどのような授業をすれば、読解をこえた、つまり認識・表現の力をつけることができるのでしょうか。

実際に私が授業した例をお話ししたいと思います。それは、広島県の蒲刈という、みかんづくりのさかんな小さな島の小学校の一年生に実際に授業したものです。

おじいさんがまず〈「あまい　あまい　かぶになれ。」〉と言って、それから〈「おおきな　おおきな　かぶに　なれ。」〉と言っています。この**順序**がまず大事です。なぜ反対に、〈「おおきな　おおきな　かぶに　なれ。」〉と最初に言わなかったのか、この順序にどういう意味があるかを考えさせました。もちろん、大事なことから先に話すということを説明しておいて、なぜ〈あまい　あまい〉ということが大事なのか、考えさせたのです。

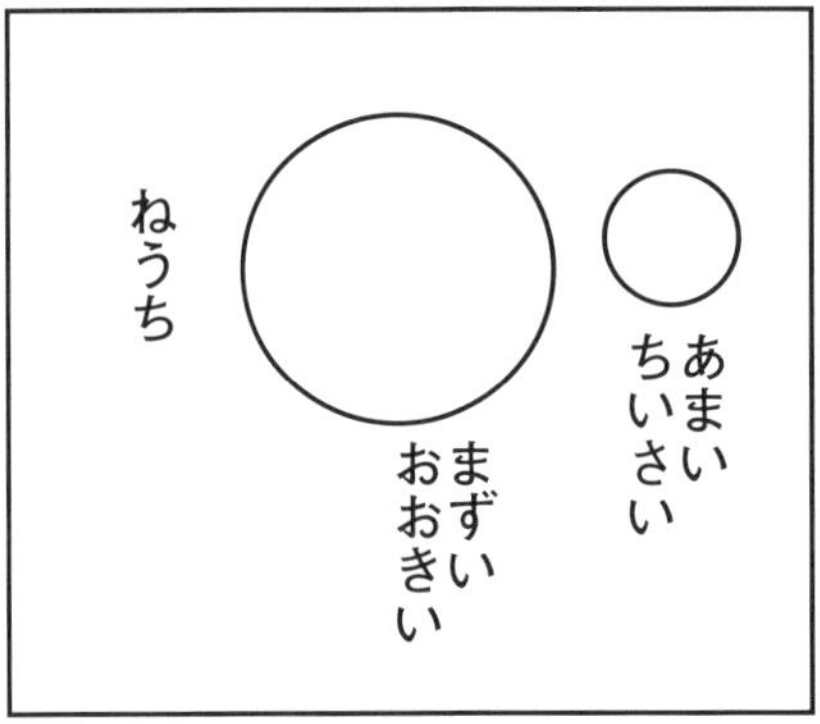

ここはみかんの島ですから、私は、こういう問題を出して考えさせてみました。「小さいけれど甘いみかんと、大きいけれどまずいみかんとあります。あげると言われたら、みんなはどちらをもらいますか。」と言ったら、子どもたちはひとり

残らず「小さくても甘いみかんのほうがいい。」と言いました。当たり前のことです。いくら大きくても、まずいみかんでは食べられないでしょう。食べられないということは、ねうちがないということです。そこで**「ねうち」**ということばを教えました。

どちらがねうちがあるかというと、たとえ小さくても甘いほうがねうちがあります。なぜなら、食べるものだからです。みかんの本質は食べるものということです。食べるものであることが本質だから、そのねうち・価値は、栄養があって、うまいことになります。うまいというのは味ということですが、ここでは栄養のことでもあります。

◇量よりも質

そうすると、ここで大事なことは、量よりも質に目をつけなさい、ということなのです。ものの見方として、量より質を見るということです。何よりも大事なのは、あまいということです。だから、このおじいさんはまず、〈「あまい　あまい　かぶに　なれ。」〉と言ったのです。さらにそのうえに、〈おおきな　おおきな　かぶ〉になってほしいとつけ加えているのです。つまり、質も量もともに、ということなのです。

絵と違って、ことばの表現には**順序**があります。一度に言うことはできません。必ず何かを先に言って、次に何かを言います。その場合、表現の順序には意味があります。大事なことを先に言う、そしてそのあと何かをつけ加えることが、ことば・表現の基本的な順序です。こういう本質的なことを教えたのです。

説明文でも、「まず第一に」ときて、「次に」となり、「終わりに」とか「最後に」となります。一番基本的な言い方は、大事なことを最初に言う言い方です。そして、後をつけ加えていくことになります。

そうすると、このおじいさんは、作物を育てるお百姓としてそのことを認識していることになります。まさにお百姓の本質がそこにあるのです。お百姓だからこそ、一番願ったことは〈あまい　あまい　かぶ〉になることです。そこには、お百姓の本質がちゃんと浮かびあがっています。

◇「まず、味」のはずが……

私は全国いろいろなところに行きます。たとえば青森はりんごの特産地です。りんごは食べるものです。食べ物というのは、量はもちろん必要ですが、なんといっても味が大切です。ところが、それが商品であるために売れることを考えなければなりません。そうしますと、甘いといっても、甘みとすっぱさが適当な甘ずっぱいりんごがいいのですが、実際は味はそれほどでもないようなりんごをつくらなくてはならないという現状があります。なぜかというと、都会の人がそういうものを求めているからなのです。

友だちが入院したといってお見舞いに行くことになりますと、果物でもということになります。果物屋に行ってみると、やはりなんとなく見かけの立派そうなものを選ぶでしょう。それをかじって食べて比べてみて、こっちのほうがおいしいと言って買っていくという人は、ほとんどいないのではないでしょうか。たいていは、値段と相談のうえでですが、見た目のきれいな、立派そうなものを選んでいくのではないかと思います。見かけで選んでいると言っていいでしょう。

だから、りんご農家の人たちは、実がだんだん色づき始めると木の下に銀紙を敷きます。きらきら光る銀紙を木の下にずうっと敷きつめます。日光を反射させるためです。そして、りんごのおしりを赤くやきます。りんごの色あげをするのです。それで味がよくなるかというと、別に味がよくなるわけではありません。では、何が一番大事なのでしょう。果物という食べるものとしての本質から考えると、その価値は、中身、味です。見かけはその次です。見かけもよければ、なおいいことはもちろんです。ところが、見かけだけよくて、味はどうかというと、ちゃんと熟れないうちにとってしまうため、甘味が十分のっていないのです。

◇売れないりんごの甘ずっぱいうま味

りんご農家の人たちは、自分の家で食べるものは、植えている品種も違うものを屋敷の近くに植えており、すっかり熟れるまで枝につけます。熟れるまでというのは、ふれるとぽろっと落ちるまでということです。その頃になると、鳥が来てつっつきます。鳥のほうが人間よりもりんごの本質・価値をちゃんと知っているわけです。そのようなりんごは、割ると中は蜜の色をしていて（実際、向こうの人は蜜と言いますが）、かじる前からなんとも言えない香りがして、味がなんともすばらしいのです。

甘ずっぱさが口にひろがるのが本当のりんごです。ところが、そのようなりんごがあまり売れません。売れないからつくらないのです。そして、「どうして都会の人は、こういうまずいりんごを食うんでしょうね。」などと言いながらつくっているのです。

◇買うからつくるまずいりんご

本当の農民の仕事とはなんでしょう。価値のある、本物の野菜や果物をつくることではないでしょうか。ところが、現実にはそうなっていません。やたらと農薬を使い、化学肥料を使っています。薬漬けのりんごになっています。だから、よく洗わないで皮ごと食べたら大変です。昔はりんごは皮ごとかじるものでした。今は農薬が外からしみていますから、厚く皮をむいて食べます。いや、外からしみているどころではありません。地中にしみこんだ農薬を根から吸いあげているでしょう。そんなりんごを食べさせられているのです。このようになったのは、認識力が欠けているため、ものごとの本質・価値・意味がわからなくなってきているからです。

その責任は教育にあります。家庭教育が、学校教育が、社会教育が読解力ばかり育てて、認識力を育てなかったからです。そのため、難しい本はいくらでも読めるけれど、人間やものごとの価値・本質・意味がさっぱりわからない人間がつくり出されてきたのです。このような人間がりんごを買うから、つくるほうもそのようなりんごしかつくらないことになるのです。

世の中が高度成長を華やかに謳いあげた時代のことです。青森の農民たちは、せっかく育てたりんごの木を切り倒しました。それらは、まだ生産力のある木でした。そして、新しい品種と入れかえたのです。無残でした。新しい品種のりんごは、見た目はきれいで大きなものです。何も大きなりんごを買って食べなくてもいいではありませんか。小さなりんごでも味がよければいいでしょう。「雪の下」といった品種は、小つぶですが雪が降る頃まであり、雪の下で収穫します。

旅から帰ってくると、玄関を開けたとたんにプーンといい匂いがします。「あ、青森からりんごが来たな。」と、いそいそあがっていくと、まだ梱包してあっても甘ずっぱい匂いがします。「ああ、これがりんごだ。」というすばらしい味がする本物のりんごです。

◇失われた価値観

本物がわからなくなっています。ものごとの本質・価値・意味をわからせる教育ができていないから、子どもたちは、ものの価値のわからない人間になっていくのです。何が本当（**真**）で、何がよくて（**善**）、何が美しい（**美**）かという真・善・美、そして、何が役に立つかという「**用**」の**価値**がわからないのです。りんごの本質・価値は、食べるものとして役に立つ（用）ということです。もちろん、うまさ・栄養があるということです。そういう**価値観**をいったいどこで育てるのでしょうか。

たとえば、この教材でこそ育てることができるのです。作物（かぶ）の本質とは何か、価値とは何か、だから、そういうものをつくるということにはどういう**意味**があるのか、そして、つくること、育てることはどのようにしなくてはいけないのかを教えるのです。この教材では何よりもまず〈あまい　かぶに　なれ〉と願うことであり、さらに〈おおきな　かぶに　なれ〉と願うことです。そうなったことは、見事な労働の成果であり、これこそ仕事というものだとわからせたいものです。ものをつくるということを、このようにわからせる必要があるのです。

◇何のために協力するのか

冒頭に〈「あまい　あまい　かぶに　なれ。おおきな　おおきな　かぶに　なれ。」〉と言って、また、〈あまい　あまい、おおきな　おおきな　かぶに　なりました〉と、なぜ二回も語っているのでしょう。人物のことばと話者のことばで二回もくり返されているのは大事だからです。

この作品を私が授業したとき、子どもたちに、「この話はどんな話か。」と聞いたら、「みんなで力を合わせた話だ。」と言うのです。「そうだね。他に。」と言うと、「かぶが抜けるまで、最後までがんばったお話だ。」と言うのです。確かにそのとおりです。

そこで、「それじゃあ、みんなで力を合わせることはいいことか。」と聞くと、みんな口をそろえて「いいことだ。」と言います。つまり、善だというのです。「それじゃあ、最後までがんばるということは。」と言うと「いいことだ。」と言います。「本当にそうか。」と言うと、「そうだ。」と言います。

そこで、「それでは、みんなで力を合わせて最後まで悪いことをしたらどうか。」と言うと、

「そんなのだめだ。」と言うのです。「本当にそうか。」と言うと、「そうだ。」と言います。笑い話のようですが、私が何をねらいにしたかわかりますか。

徳目主義道徳や戦前における修身教育は、協力はいいことだ、みんなで力を合わせることはいいことだ、最後までがんばること、初志貫徹は美徳だ、というように教えました。何のために、誰のために、という一番肝心な目的という観点が抜けていたのです。だから、「一億一心」「欲しがりません、勝つまでは」「最後までがんばって戦い抜こう」というのが第二次世界大戦のスローガンになったのです。国民は、誰のために、何のためにという本質を知らされず、まったく認識不足のままでした。ただみんなで力を合わせなければと言われ、もし一人でもそうでない者があると「非国民」として糾弾されたのです。そういう時代に修身教育が大きな役割を果たしたのです。

◇『こころのノート』『私たちの道徳』批判

文部科学省は、「教科書ではない、指導資料でもない、義務づけるわけではない」という見え透いた言い訳をしながら、教育現場や世間の批判をかわし、その実、教育委員会を通して『こころのノート』や『私たちの道徳』の使用を現場に「強制」してきました。これはかつての悪名高い『道徳教育指導資料』の改訂版と言えましょう。巨額の予算を使ってつくられた『指導資料』は、全国の小中学校に配布されましたが、戦前の『修身』の復活として総スカンを食い、ゴミ箱に投げ捨てられてしまいました。

今回の『こころのノート』や『私たちの道徳』も、一つひとつの徳目だけを見れば、これといって問題になることはないように思われます。戦前の『修身』も『教育勅語』にあるとおり「父母ニ孝ニ、兄弟ニ友ニ、夫婦相和シ、朋友相信シ……」と教えました。そこだけを見れば、誰も異論はないでしょう。しかし、最後に「一旦緩急アレハ、義勇公ニ報シ……」とあり、身命を天皇のため、国家のために捨てよ、と教えました。『こころのノート』にしても、『私たちの道徳』にしても、教科化されようとしている「道徳」の時間にしても、あれこれの美徳を列べた後、結局、最後は、「愛国心」へと引きずり込んでしまうのです。戦前の『修身』と、その本質は、少しも変わりません。

ところで、かくいう私（西郷）は、決して道徳、道徳教育を否定する者ではありません。権力による「徳目主義」の押しつけに対して反対しているのです。文芸教育は、ある意味において最も優れた道徳教育であるとさえ思っています。たとえば、「おおきな　かぶ」の指導について詳しく話してきましたが、肝心なことは、人間の真実や、ものごとの本質・価値というものを正しく深く認識して、そのことを行動の基準にすえるということです。

正しく、深い認識に支えられない行動は、本人はもちろんのこと、周りをも傷つけ損なうことになるでしょう。「人間観・世界観を育てる」ことこそが、文芸教育、いや教育全般の課題となるべきであろうと思うのです。

◇国語科でこそできること

それなのに、戦後再び、私たちが徳目道徳教育を許したとしたら、それは戦前の教育を復活させることになります。そうならないためには何が必要かというと、やはり認識の力を育てること、人間の本質・真実、ものごとの本質・価値・意味、ことば・表現の本質・価値・意味をしっかりと教えていくことだと思います。それを教えるのが国語科教育なのです。他の教科では、それを教えることはできません。理科でそれをやるわけにはいかないし、社会科でやるわけにもいきません。音楽・体育でできるわけがないし、生活指導でこんなことができるでしょうか。国語科でこそ、国語科でなければできないことなのです。国語科というものは、人間というものを扱う教科です。理科で人間を扱うことはあっても、それは生理学的な、解剖学的なことを扱うのです。人間の本質、人間の真実、人間の行為の価値、その行為の意味ということを問題にするのは国語科以外にありません。国語科を単に読解力を育てるための教科と考えるのは、私たちの立場、考えではありません。もし、そうであれば戦前の教育とまったく同じことをすることになります。

戦争中、「大政翼賛会」が「おおきな　かぶ」の紙芝居をつくって、津々浦々持ってまわりました。大きなかぶの絵に黒々と「鬼畜米英」と書いてあり、じいさん、ばあさん、老いも若きも、男も女も、犬も猫も、みんなで綱引きして引っこ抜く、という話になっていました。「一億一心」などと書いてあって、一億の国民が総がかりで力を合わせて、最後まで戦ってがんばって戦争を勝ち抜こうという話に利用されていました。誰が何のためにかぶを育てたかということは、まったく抜きになっていました。何のためにということが大事ですから、そのことだけはしっかり学習させてください。

草を抜いたとか水をやったとかいうことは、授業でやって悪いというのではありませんが、そんなことは、ここでは土俵の外のことです。テーマ外なのです。ねうちのあるかぶだから、最後までがんばることにねうちがあるのです。もし、これがまずい大きなかぶだったら、みんなで力を合わせることは無駄であり、意味のないことです。最後までがんばっても何にもなりません。やっている行為自体にねうちがありません。ですから、書き出しにこれだけしっかりと、〈あまい〉、そして〈おおきな〉ということを語っているのです。そこが大事です。

◇類比で浮かびあがる仲間の本質

この作品には、くり返しがあります。大きなかぶを抜こうとしたが抜けなかったので、仲間を呼びに行ったということがくり返されています。**変化をともなう反復**と言います。出てくる人物は、おじいさん・おばあさん・まご・いぬ・ねこ・ねずみと一人ひとり違います。変化があります。変化はあるけれども、そこに共通なものがあります。

何が共通かと**類比**してみます。すると、そこに共通するものは、抜けないということ、だから仲間を呼ぶということ、だからまた仲間に入るということです。細かく言えば、〈うんとこしょ、どっこいしょ〉と力を合わせたという四つになります。これが共通なことを見る、類比的に見るということです。

では、四つのくり返しから、いったいどういう**意味**を見つけることができるのでしょうか。人間というものは、ひとりで生きているわけではなく、仲間と一緒になって仕事をするものだと**意味づけ**られます。そして、ねうちのある目的をもってねうちのある仕事をする、行動するのだと意味づけられます。このため、仲間が必要ということです。人間は連帯して、力を合わせるところにその本質があります。そのことをくり返しくり返し語ることでそれらのことを教えているのです。たとえ小さなねずみのようなものでも、仲間に呼ぶ、また、仲間に入ることによって、このかぶを抜くことができたのです。

◇順序

この話は、大きい強い力のおじいさんが、まず出てきて引っぱり、それからおばあさん、まご、犬、ねこ、最後にねずみという**順序**になっています。この順序の意味を考えてみましょう。そのためには、「もし」と**仮定**してみましょう。「もし」と仮定することも、ものの見方・考え方の一つです。もし、小さいものが先に出てきて、最後に大きいものが出てきて抜けたというように逆の順序になったとしたら、話がどうなるでしょうか。

そうすると、小さいものが出てきて抜けないのは当たり前ということになります。かぶもあまり引き立ちません。小さいものが出てきて抜けなかったからといって、かぶの大きさが、ぐっと引き立つということはありません。最後に大きい強いものが出てきたら抜けたという

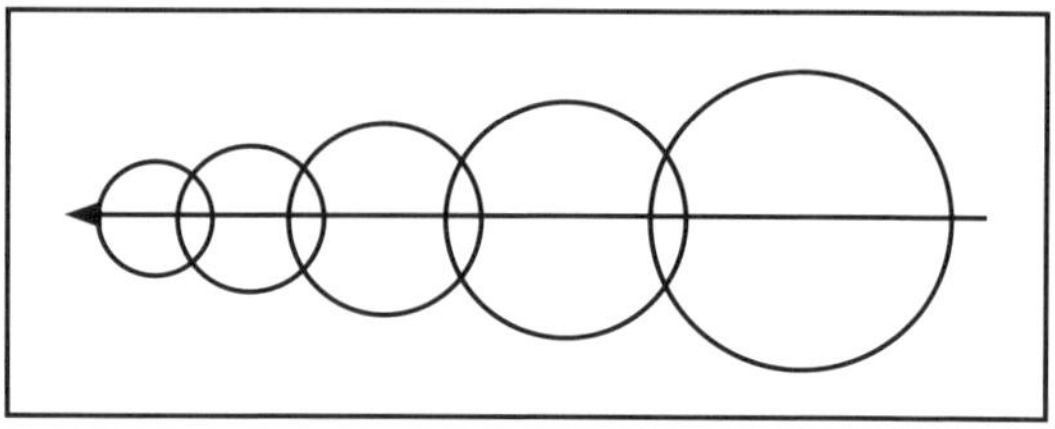

と、やはり結局は大きい、強いものが出てこなければものごとは片づかないな、ということになります。権威主義とか、事大主義に陥ってしまうでしょう。そのため、小さい弱いねずみの存在などはかすんでしまって、最初からあんなものは出てこなくてもよかったのではないかということになってしまいます。ところが、この話はそうではなく、大きいおじいさんが引っぱっても抜けないけれど、最後に、小さな力の弱いねずみが出てきて抜けたとなります。すると、小さい存在であるけれども、そのイメージ、その意味の重大さを認識させられます。これが認識の問題です。

小さいものでも仲間に呼ぶ、また仲間に入ることの大切さ、小さいことで劣等感をもつ必要はないということが認識できます。つまり、ものの価値がわかること、仲間ということの本質がわかることをこの教材で教えることができるのです。

◇認識の力を毎日の国語で

そういうことをしっかりやることによって、子どもたちに、ものの価値がわかる、連帯ということの本質（なぜ人間は連帯するのか、連帯ということにどういう意味があるのか）がわかるようにしていくのです。つまり、認識力を育てるのです。国語の時間が毎日一時間、週に五時間、年に二百時間ぐらいあるでしょう。二百時間、しっかりそのことをやってごらんなさい。一年間に、子どもたちにどれだけものの見方・考え方がしっかりつくことでしょうか。ところが、いいかげんな読解ばかりやっていますと、認識の力はつきません。本当の認識の力が育たないから、いじめがあったり、ものの価値がわからなくてつまらないものを買ったり、つまらないものを持って喜んだり、妙な格好をして喜んだりするということになるのです。それに対して、ただ一方的に「みんなのきまりとして、そんなのは着ないことにしましょう。」「服は膝下何センチ。」などといったことを決めて、鵜の目鷹の目でお互いに隣組制度みたいにチェックし合って、規律がピシッといっているなどと喜んでいるような学校教育というものは、もう下の下です。昔の修身教育とまったく同じことをやっているのです。膝下何センチというようなことは決めることではないのです。服というのは道具です。何の道具かというと、身を守る道具、たとえば暑さ、寒さから身を守る道具です。

◇用の価値・美の価値

それから、もちろん**美**という価値があります。**用の価値**と**美の価値**です。この二つの価値がわかり（服とは何かというその本質と、その服の価値です）、これが認識できたときにはじめて「俺はこんなの着ているのは、みっともない。」ということになるのです。

格好だけつけて、夏暑いのに汗だくだくになってまで、何のためにそんなに厚い服を着ているのでしょうか。やせがまんしているだけです。格好だけのそれは、本当の美ではありません。道具の美といえるのは用の美です。用の美というのは、それが実用になっているということと、それが同時にそのまま美であるということです。これは用の美です。「用と美」ではなく、「用の美」です。道具の美というのは、用の美のことです。

ですから、国語科教育というのは、非常に重大な任務を担っていると私は思っています。皆さんは、読解力をつけるのだというような小さな考えでいるのかもしれませんが、そんなことをしていたら、字は読める、文章に書いてあることはわかります、というだけの子どもになってしまいます。人間の真実や、ものの本質や価値・意味ということはさっぱりわからないのに、文章だけはスラスラ読めるという子どもになるのです。何が書いてあるかというテストでは百点満点がとれるかもしれないような、そんな子どもがエリートコースを歩いて、エリート社員になって、何をやっているでしょうか。官僚やエリート社員になって、ろくでもないことをやっている者もいます。認識力が育っていないからです。何が本質で、何が真実で、何が価値か意味かがわからないからです。

◇「AがBを引っぱって」と「BをAが引っぱって」の違い

翻訳したものの中に、引っぱる順序が二とおりあります。

光村の教科書の「おおきな　かぶ」は私（西郷）の訳ですが、〈かぶを　おじいさんが　ひっぱって〉としています。それから、そのおじいさんを今度はおばあさんがひっぱって、そのおばあさんをまごがひっぱって、そのまごを犬がひっぱって、犬をねこがひっぱって、ねこをねずみがひっぱって、〈うんとこしょ〉で抜ける、という順序です。ところが、別の教科書、別の翻訳ではこの順序が逆になっています。ねずみがねこをひっぱって、ねこが犬をひっぱって、犬がまごをひっぱって、まごがおばあさんをひっぱって、おばあさんがおじいさんをひっぱって、おじいさんがかぶをひっぱって抜けました、となっています。

この二つの順序は、語り方・語りの**順序**が反対になっています。順序が違うということは、実は**意味**が違うことになるのです。最後のところが、「おじいさんがひっぱって抜けました。」では、おじいさんのイメージが強くなってしまいます。

ねずみが出てきて、引っぱって抜けましたというと、ねずみのイメージがクローズアップされます。それは先ほど言いましたように、ただみんなで力を合わせたということではなくて、たとえ小さなものでも連帯すれば力を発揮するという大事な意味を強調することになります。そのためには、「ねずみが出てきて抜けました。」という順序になることが意味深いことなのです。

「AがBを引っぱって」と「BをAが引っぱって」という二とおりの言い方があります。日本語では、テニヲハ（助詞）がくっつきますから、述語を最後にもってきさえすれば、「が」と「を」を入れかえてもいいのです。

これが、英語や中国語と違うところです。日本語では主語と目的語の順序を入れかえることができるのです。述語の位置を変えると倒置法になりますから、変えるわけにはいきません。「が」と「を」は逆にしても少しも差しつかえありません。ただ、どちらを先にするかで、どちらを強調するかが違ってきて、イメージと意味が違ってきます。

光村の教科書でいえば、ねずみが強調されることになります。ねずみのイメージが強調され、ねずみの参加の意味が重くなるという順序になっているのです。ですから、私の訳では〈かぶを　おじいさんが　ひっぱって〉から始まっているのです。

◇つなぎことばの本質

それから、細かいことですが、〈おじいさんは、かぶを　ぬこうと　しました。「うんとこしょ、どっこいしょ。」けれども、かぶは　ぬけません〉とありますが、〈けれども〉と言ったのは誰でしょうか。話者です。〈「うんとこしょ、どっこいしょ。」〉と言ったのはおじいさんです。ここで話者は、なぜ〈けれども〉と言ったのでしょうか。話者は、かぶが抜けると予想したのでしょうか。それとも、抜けないと予想したのでしょうか。

授業の記録などを見ますと、〈けれども　かぶは　ぬけません〉のところで、「ああ、おじいさんは最初から抜けないと思ってなかったんだなあ。」となっているものがあります。それは、話者の気持ちなのに、おじいさんの気持ちと間違えています。**人物と話者**を区別しないからそういうことになるのです。

ここは、話者が〈ぬこうと　しました〉と語っているのですから、読者も、やっぱり抜けるだろうと、たかをくくっています。〈けれども〉抜けないから、「これはたいしたかぶだぞ。」ということになるのです。そこで、おばあさんまで呼んできたけれども抜けないから〈それでも〉となります。おばあさんまで加わっても抜けないからすごいかぶだなあ、ということになります。次に、まごが出てきます。こんなに大きなかぶだからまごが出てきたって始まらないという感じがして、〈やっぱり、かぶは　ぬけません〉ということになります。〈けれども〉ではなくて〈やっぱり〉となっているのは、もうまごに期待していないからです。このかぶがいかにすごいかということが、前のくり返しでしっかり読者の中にイメージができてはじめて〈やっぱり〉ということになるのです。

そういうかぶを、ねずみが出てきて〈ぬけました〉となるから、ねずみのイメージがクローズアップされて、ねずみの存在の意味が重くなります。これが表現というものの本質です。「つなぎのことば」は、それを語っている人の気持ちや態度を表します。前の文と後の文の意味をつなぐのだと考えてはいけません。むしろ、そのことばを言っている人の、そのものごとに対する、また聞き手に対する気持ちや態度を表すのが「つなぎことば」です。このことをわかることが、「つなぎことば」の本質を認識したことになるのです。

「つなぎことば」が、このようにあることで、かぶのイメージが、非常に引き立ってきます。そしてかぶのイメージが引き立って大きくなればなるほど、出てくるねずみのイメージが逆にコントラスト・**対比**の原理で引き立ってくるのです。

ところで先に**類比**、くり返し（**反復**）ということと、**仮定**してものを見るということが出てきました。それから**順序**ということがいかに大事かということを見てきました。一年のものの見方・考え方の指導では、**観点**と**比較**（類比・対比）、**順序**、**理由**まででいいのです。**仮定**ということは三年生からやることですが、一年、二年では、少し気づかせる程度に小出しに教えてください。

◇「ねうち」——どこを見るか

蒲刈で一年生に授業をした後、子どもたちに、「鉛筆があるね、ねうちのある鉛筆ってどういうものか。」と聞いてみました。

学習基本用語という考え方があります。なんでも、いろんなことばを教えればいいというのではなくて、大事なことばを教えるのです。認識と表現の力を育てる目的で子どもを教育する場合には、やはり認識・表現の力を育てるうえで、重要な基本学習用語があるはずです。たとえば「ねうち」というのもそうです。一年生のときから、そのようなことば・用語は、きちんと使っていただきたいのです。「ねうちのあるかぶとは。」と問うなかで、大きいだけがねうちがあるのではなくて、一番大事なことは味がいいことだということを学習しました。「ねうち」という用語を教えたら、くり返しいろいろな場面で使うことが、子どもたちにとって非常に大事なことです。

さて、「ねうちのある鉛筆とはどういうものか。」と聞いたら、「よく書ける鉛筆だ。」と言いました。もう、子どもにわかっているのです。字を書く道具ということが鉛筆の本質ですから、鉛筆の価値というのは、その本質と相まってよく書けるということになります。次に「ポキポキ折れる鉛筆はどうだ。」と聞くと、「価値がない。」と言いました。「それじゃ、削るとき

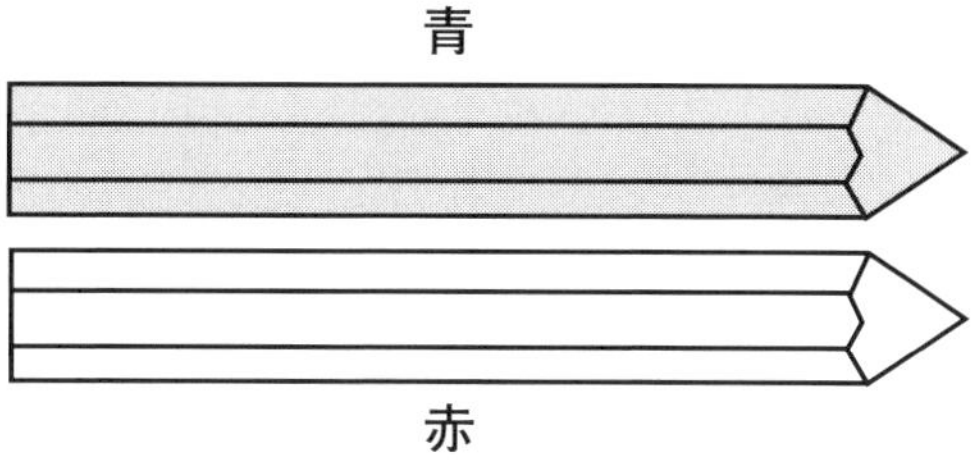

えんぴつ——字を書く道具
ねうち　——よく書ける

に木が堅かったりして、削りにくかったらどうだ。」と聞くと「削りにくいから、ねうちがない。力が入って鉛筆の芯が折れたりする。」と答えました。さらに「青く塗ってある鉛筆と赤く塗ってある鉛筆とは、どっちがねうちがあるだろう。」と聞いてみると、おもしろいことに、子どもたちが半々ぐらいに分かれました。青いほうがねうちがあるという者と赤いほうがねうちがあるという者が出てきたのです。

教師は「ねうち」ということをわからせたつもりになっているのですが、実際には、まだ本当にはわからせていないのです。そこで「青いほうがねうちがあると思う人にたずねるが、青く塗ってあれば、この鉛筆はよく書けるのだろうか。」と問うと、考えこんでしまいました。赤いほうの鉛筆がよく書けると言った子どもにも同じことを聞きますと「そんなことは関係ない。色は鉛筆のねうちに関係がない。」と言いました。

物を本質的に見るということは、どこをどう見るかということなのです。なんでも見ればいいということではないのです。

◇「価値」を教える

先生方は、作文の指導で「くわしく見て書きなさい。」とよく言うのではないでしょうか。

くわしく見るということで、何でも目につくところを見ればいいという指導では、ものの本質・価値を見る力にならないのです。どこをこそ見ればいいかが大事です。

そうすると、鉛筆というのは、手に持って字を書く道具という本質があるから、手に持って書きやすい、よく書けるということがねうちです。ですから鉛筆の長さや太さ、芯の質・木質とかが道具の価値にかかわってくるので、外側の色が赤とか青とか、またマークなどがついているかということは、道具としての本質に関係がありません。つまり、価値に関係がないということです。だから、そんなところをいくら見ても意味がないのです。鉛筆も手に持って使うものですから、きたないよりきれいなほうがいいということはありますが、それは道具として本質的なことではありません。第二義的なことです。では、第一義的なことは何かというと、書きやすさ、よく書ける、ということです。

そういうものの見方・考え方を一年生からきちんと育てていかないから、子どもはものの価値がわからなくなってくるのです。親や教師や世間も、「近頃の子どもはものの価値がわからない。」と言って非難しますが、非難されるのは子どものほうではなく、大人のほうなのです。生まれながらに、子どもに、ものの本質や価値を認識する力があるわけではありません。親や教師や地域の人たちが、家庭、学校、地域社会で、日頃いろいろな方法で、いろいろな場で、ものの本質とは何か、ものの価値＝ねうちということを認識させる指導・教育をしていかないと、子どもは価値観が育っていかないのです。指導・教育をしなければ、間違った価値観をもつのは当たり前のことです。それをいかにも子どもが悪いように、「近頃の子どもは、とんともののねうちがわからない。」などと、子どもに向けて非難するのは見当違いというものです。では、その指導をどこでどうするかということですが、ものの本質・価値を学ばせるのは理科・社会科というよりも、国語科でやる以外ないのです。

本質とか価値とかは難しいことばですから、その用語をそのまま一年生で使う必要はありません。しかし、「大きなかぶ」でなら、かぶとは何かという、本質を問題にすることができます。食べるものとしての本質を考えさせ、価値について学ばせることができます。

◇教師も問われる

ある先生がねうちを学ばせる授業をしますと、その後、その先生が「あれから、ねうちということばがはやりました。」と言われるのです。はやったということは、子どもがそのことばを気に入ったということです。いや、ことばが気に入ったのではなく、その見方・考え方を新しく身につけた喜びが生まれたのです。それから、消しゴムのねうちとか、日直のねうちとは何かと言い出して、しまいには教師のねうちは何かと言い出したというのです。そのとき、その教師ははっとしたというのです。

今まで自分は、教師を何年かやってきて、教師の本質とか価値、また授業の本質や価値というのを本当に考えたことがなかったというのです。皆さんもおそらくそうでしょう。その先生は、「私はあらためて子どものことばで考えさせられた。授業の価値というのは、子どもものの見方・考え方を育てたかどうかということ、そして、そういうことができる教師が、まさに教師というものなんだということに気がつきました。」と言っておられましたが、そのとおりです。だから、どんなにおもしろく生き生きと授業をしても、それがそのまま、授業の価値とは言えないのです。子どものものの見方・考え方をどれだけ変えたか、育てたかということに、授業としての価値が問われるのです。

◇いい作文を

この教材には、くり返しがあります。くり返しは、イメージや意味を強調するはたらきをもっています。そして、主題を浮きぼりにします。認識論のうえから言いますと、ものごとの本質は、くり返すという姿・形で現れます。つまり、本質は反復現象します。くり返されることの中に、ものごとの本質が現れるのです。

この教材では、くり返しによって、人間・仲間・連帯の本質が現れています。人間は、価値あることをなしとげるために連帯するものです。だから、仲間を呼びに行く、仲間に加わる、そして最後まで一緒に目的に向かって行動するというところに、仲間の本質がくり返し現れているのです。本質だからこそ、くり返し現れるのです。

作文の目的は、人間やものごとの本質・価値・意味を、認識することができるか、また認識したことを、どこまで、またどのように表現できるかです。ですから、ただ「様子や気持ち、わけがわかるようにくわしく書きなさい。」という指導がいいと考えてはいけません。

たとえば、鉛筆について文章を書くとすれば、外側の色が青いとか黄色いとか、そういうことをいくらくわしく書いてもしようがないのです。どこに目をつけるか、どう見るか、どこをとらえるか、どう考えるか、そういうものの見方・考え方、認識の方法の学習が作文のうえに表れてこなくてはなりません。子どもの現実の生活の中で、見たり聞いたりしたことが、学習したものの見方・考え方と結びついたとき、そのものごとの本質へ迫っていくことができるのです。そして、そのことが作文のうえにも表れてくるのです。ですから、認識の力と表現の力は表裏の関係にあるのです。認識の力が育つことが、表現の力に転化するのです。

くわしくうまい作文を目的にするのではなくて、いい作文を目的にしてください。たとえ、表現力はつたなくても、どれだけその子が人間の真実やものごとの本質に迫っているか、価値をとらえているかということが作文の価値評価の基本です。どんなにうまい作文でも、人間の真実やものごとの本質にふれていないのであれば、それは価値がないと考えてください。「かぶ」でいうなら、どんなに大きくて、どんなにきれいでも、中身のまずい「かぶ」は価値がないのです。うまい作文でも、人間の真実やものごとの本質に迫っていないものは、見かけは立派だが、中身はまずい「かぶ」と同じです。少々見かけはまずくとも、味のよいほうがより価値があるのです。

うまい作文を書く子というのは、クラスに五、六人はいて、その子は先生が指導しなくても、けっこううまく書けます。自分が受けもったときからうまくて、次の先生に渡すときもうまいのです。下手な子はいつまでたってもうまくならないので、必死になってうまい作文を書かせようとしますから、作文のきらいな子どもが出てくるのです。

いい作文だったら誰もが書けます。また、書けなければいけないのです。上手下手の問題ではなくて、どれだけちゃんと人間の真実やものごとの本質に迫っているかということです。そういう力は、作文の時間に育てるのではなくて、日々の国語の授業の中で育てていくのです。作文だけのためにするのではなく、子どもにきちんとした認識の力が育ち、その裏返しにきちんとした表現の力が育つようにするために国語の授業をするのです。

「おおきな　かぶ」の題材を例に、一年生の文芸の授業の基本的なことをひととおり説明しました。

（西郷竹彦）

【「おおきなかぶ」（ねこを呼んでくる場面）たしかめよみの指導案例】

ねらい	てがかり	てだて
ねうちのあるかぶを抜くために人物が力を合わせていることをわからせる。	〈まだまだ、かぶはぬけません。〉 ・いぬは、ねこをよんできました。 ・〈あまい　あまい、おおきな　おおきなかぶ〉＝ねうちがあるかぶ	○五場面ではどんなかぶでしたか。（引っぱった人物とつなげて、かぶの大きさが言えるようにする。） 音読 ○犬なのにどうしてねこを呼んだのですか。（食べものとして価値があることとつなげる。）

かぶがしだいに大きくなっていくことをイメージさせる。
「　」を 「　」がひっぱって、 「　　、　　。」 〈なかなか〉 ・おじいさん、おばあさん、まご、いぬ、ねこ
音読（文図だけで音読できるようにさせる。） ○「うんとこしょ、どっこいしょ。」は前と同じですか。 ○話者は、どんな気持ちで「なかなかなかなかぬけません。」と言ったのですか。 （「前の人物に比べてねこは小さいのでぬけるはずはない」という気持ちを出させる。） ○どんなかぶですか。

【「おおきなかぶ」（ねこを呼んでくる場面）たしかめよみの板書例】

おおきな　かぶ

ロシアのむかしばなし
やくしゃ　さいごうたけひこ

まえより
おおきなかぶ

ふつうは…なかがわるい
いぬは、ねこを

ねうちのあるかぶだから…よぶ

「　」を
「　」が　ひっぱって、
「　、　。」

まえよりちからをこめた。
でも　それぐらいでは
なかなかぬけません。…わしゃのきもち
ねこがはいってもぬけないほど　おおきなかぶ
ねこはいぬより小さいし　むりだろうなあ。

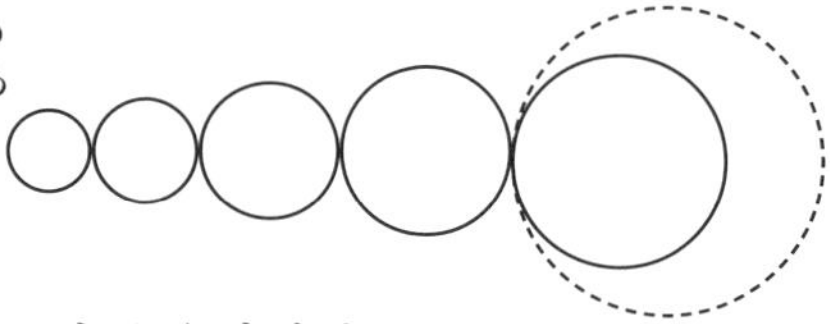

ちからをあわせて

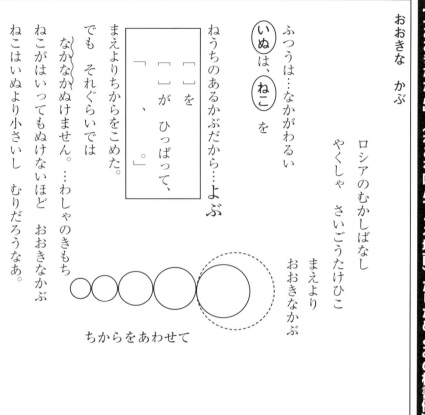

19 ほんは　ともだち

九二頁で〈いっしょに　よもう〉と言っているのは、「話し手（話主）」です。その向こうに「聞き手」がいます。「話し手」と「聞き手」ということを押さえて指導してください。この場合、友だち同士が学校図書館で会話している場面です。

九五頁は、〈いちばん　おもしろかった　ところを　よみます。きいて　ください〉と「話し手」が「聞き手」の学級の友だちにお話ししていることばです。

ここでちょっと注意してほしいのは、相手、つまり「聞き手」が誰かということです。〈いっしょに　よもう〉という「聞き手」は友だちですから〈よもう〉という言い方になりますが、先生が「聞き手」の場合は、丁寧な言い方になります。一〇～一一頁「なんて　いおうかな」の挿絵を使って考えさせてください。また、友だちに話すときでも、授業中の場合は、〈よみます〉〈ください〉のような丁寧な言い方になります。

日本語では、相手、「聞き手」が誰であるかによって言い方が違ってきます。一般にこれを古典文法では待遇表現というのですが、このことから、主語がなくても、相手を表す人称代名詞がなくても、相手がはっきりわかることがあるのです。

（西郷竹彦）

20 こんな　ことを　したよ

夏休み前の絵日記指導です。

題名・作者名、〈いつ・どこで・だれが・なにをしたか〉よく伝わる書き方と、心が動いたことを三文程度で書くことや感動の中心を絵で表すことを具体的に指導します。

ここで初めて日記・作文指導をするというのではなく、学校生活がスタートした時から、教師による《聞き書き》《口頭作文》で表現意欲の耕しをすることが大切です。

（上西信夫）

21 「いちねんせいの　うた」（なかがわ　りえこ）

◇題名からめあてを

題名には二つのはたらき（**機能**）があります。**観点**を示すはたらき（これからこんなことについて語っていきますよと示すはたらき）と、**仕掛**としてのはたらき（読者に興味をもたせ、読みたくさせるはたらき）です。「いちねんせいの　うた」という題名は、この二つのはたらきをもった題名といえます。

特に〈うた〉ということばに着目して「どんなとき、歌が出ますか。」と問い、一年生の楽しさを表す詩が始まるのだと期待させ、「どんな　うただろう」と、**めあて**につなげてもいいと思います。

◇新しいことを学ぶ喜び

まずは、音読で〈ぼく〉や〈わたし〉になりきって**（同化）**読みたい詩です。一連の〈なにかこう〉で、いろいろ言わせてみましょう。アニメのキャラクター、乗り物、食べ物、したことなどいろいろなものを話し始めると思います。

二連目は、音読と動作化を合わせて、一緒に〈うでを　のばし／ちからを　こめて／まっすぐ〉一の字を書かせ、「どうして、絵でなく一の字を書いてるのかな」「どんな気持ちで、一の字を書いているのかな。」と聞いてみるといいのではないかと思います。漢字を覚えてうれしくてたまらない〈ぼく〉〈わたし〉のこと、もっともっと上手に〈一〉を書けるようになりたい〈ぼく〉〈わたし〉の気持ちを話し合えると思います。行動の裏には、人物の気持ちがあります。

◇ともに学ぶ喜び

三連目は、音読のあと、「あおいそらのこくばんは、どうなりましたか。」と聞き、〈一〉の字がたくさん浮かんでいる空をイメージさせます。挿絵の空にはない〈一〉の字が、子どもたちにはたくさんイメージされているはずです。そこで、絵にはない〈一〉の字がたくさん見えてくる**わけ**を三連目の表現から見つけます。それは〈ぼくも―　かく〉〈わたしも―　かく〉の

〈も〉のはたらきがあるからです。考えられなかったら「ぼくは　かく／わたしは　かく」とどう違うかを**比べさせる**といいでしょう。〈も〉のはたらきによって、たくさんの一年生が一緒に学び、一緒に喜んでいる姿が浮かびあがってくるでしょう。

◇「うた」の意味

四連〈おひさま　みてる／かぜが　ふく〉は、「おひさま、かぜは、一年生になんと言っているようですか。」と問い、新しいことを学ぶ一年生、みんなと学ぶ一年生に対するあたたかいまなざしや励ましを感じさせたいと思います。

最後は題名にかえり、「〈いちねんせいの　うた〉は、どんな　うたでしたか。」と問い、まとめにするといいのではないかと思います。

（髙橋睦子）

22 なつやすみの　ことを　はなそう

夏休みの課題や絵日記をもとに、みんなに知らせたいことを話しましょうという単元です。話すことと同時に、詳しく聞きたいことを質問できる聞き方も大切です。

（上西信夫）

23 ひらがな　あつまれ

「かくれていることばをみつけましょう。」と楽しみながら語彙指導も兼ねて行います。「なぞなぞあそび」や「しりとりあそび」などもたっぷりとり入れて、子どもたちの言語生活を豊かにしていきたいものです。

（上西信夫）

24 「ゆうやけ」（もりやま　みやこ）

◇題名・作者・話者・人物・場面

文芸の基本的用語「**だいめい**」「**さくしゃ**」「**わしゃ（かたりて）**」「**じんぶつ**」「**ばめん**」「**どくしゃ**」という言葉はすでに教えていますが、くり返し教えて、定着をはかります。

「ゆうやけ」は題名ですが、用語だけでなく、その働きについてもしっかり体験させたいところです。「『ゆうやけ』という**だいめい**からどんなことを思いますか？」と問えば、真っ赤な夕焼けを思い浮かべたり、自分の体験を語ったりして、夕焼けのイメージを共有、体験することができます。そのことから、「どんなお話かなあ。」と〈ゆうやけ〉ということをめあて（**観点**）にして、子ども達の学習の構えや期待感をつくっていきます。つまり、題名の役割は、物語のイメージを持たせ、**観点**を明確にし、どんなお話だろう（**しかけ**）と興味・関心をもって読み進める働きがあることを、体験を通してわからせてあげるのです。

作者や読者について確認した後、場面割りをします。ここでは、〈きつねのこ〉がズボンをはく場面、おひるすぎの場面、ゆうがたの場面、ゆうやけのしたをかえる場面と、四場面に分けました。

一場面では、**じんぶつ**の〈きつねのこ〉があたらしいズボンをどのように感じているかが語られます。**話者**（**語り手**）は地の文で人物〈きつねのこ〉の目と心によりそって語っていきます。

◇くりかえされること（類比されること）は強調

あかのズボンは〈ポケットが　ふたつも　ついて　います〉とあります。「ふたつ　ついています」と違いを比べてみましょう。すると「一つだけでなく、二つも」という、〈きつねのこ〉の誇らしさや嬉しさが感じられます。そして〈いいな。とってもいい〉という会話文があります。これは〈きつねのこ〉という**じんぶつ**の言葉です。一年生なので、誰の言葉か確認し、会話文の役割を教えます。この会話文にはくり返しがあり、ズボンを〈いいな〉と気に入り、〈とってもいい〉と好ましく思い、嬉しさを感じているのが強調されています。また、〈おがわの……うつして、うっとりしました〉も、〈みずあそび……やめました〉も、なぜうっとりしたのか、なぜみずあそびをやめたのかと**わけ**（**理由**）を考えさせると、そのズボンがお気に入りであり、大事にしたいという〈きつねのこ〉の嬉しさがくり返し語られていることがわかります。つまり、一場面でくり返し、強調されているのは、〈きつねのこ〉があかいズボンをどんなに好きになり、お気に入りであるのかということです。

◇ちがいを比べること（対比する）で強調されること

〈おひるすぎ〉に〈くまのこ〉と〈うさぎのこ〉にあいますが、〈きつねのこ〉はお気に入りのズボンに気づいてくれることを願います。わけを考えれば、ここでも〈きつねのこ〉のズボンに対する愛着が繰り返されていることがわかります。同時に、そうした体験は読者である一年生の子どもたちにも共通するものであり、その体験を教室で語り合うことができます。そうしたことで、お話の世界と自分たちの世界を引き寄せ、近いものであると感じることができるのです。

ところが、その〈きつねのこ〉の思いと違って、にひきは気づいてくれません。〈きつねのこ〉とにひきの思いが違っているのです（次頁図①）。また、〈きつねのこ〉も、「はじめ」のときと「なかまいりしたあと」では違ってきます（次頁図②）。

図①

きつねのこ
きがついてほしい
むちゅうではない
きたばかり

←→ **ちがい（たいひ）**

くまのこ
うさぎのこ
すこしもきがつきません
あそぶことにむちゅう

図②

はじめ
ズボンにきづいてほしい

←→ **ちがい（たいひ）**

なかまいりしたあと
ズボンをわすれてしまった
あそぶ
ころげまわったり、
とびはねたり

なぜでしょう。違いを比べ、わけを考え、〈きつねのこ〉の気持ちになってみれば（**同化体験**）遊びの方がずっと楽しいからということがわかります。それと同時に読者は「ズボンはどうなるの？」「友だちと遊べてよかったね。でも、……気づいてもらえなかったね。」と外から見て、複雑な思いを感じることでしょう（**異化体験**）。つまり**対比**することで強調されることは、友だちと遊ぶということがどれほど楽しいかということ。お気に入りのズボンのことさえ忘れさせてしまうほどなのです。

◇共感するなかまをつつむゆうやけ

ゆうがたの場面です。〈ひのような〉という**比喩**が使われています。どれほどのゆうやけかがイメージされ、しかも〈そらいちめん〉という表現と相まって、すべてのものをつつみこみ、真っ赤に染め上げるイメージが作り出されます。〈そらが　まっかだね〉という言葉は誰の言葉かわかりません。決め手がないのです。どの人物が言っても納得できます。誰が言ったにしても、その美しさを感じて言ったのであろうことはイメージできます。その言葉に応じて、〈きつねくんの　ズボンのいろだね〉と気づきます。これも誰の言葉であろうと、美しいゆうやけとズボンの色を重ね合わせて気づいた仲間がいたことが大事なことなのです。夕焼けの美しさに共感し、〈きつねのこ〉のあたらしいズボンに気づいてあげることができる仲間がいたことが語られます。

そして、〈いいよ。とってもいい〉と〈くまのこ〉が言い、〈うさぎのこ〉もうなずきます。一場面での〈きつねのこ〉の言葉と対をなす言葉です。強く共感したことが伝わってきます。現実の子ども達の世界では、つい、ネガティブな言葉を吐いてしまいがちです。ここでは素直に、「いいね。」と言える友達なのです。〈りょうてを　ポケットに　つっこんで、にっこり〉している〈きつねのこ〉の気持ちになり、また、〈くまのこ〉の言葉を聞いている〈きつねのこ〉に**同化体験**すると、〈きつねのこ〉の幸せを読者も一緒に感じることができるでしょう。また、読者としての**外の目**からも「よかったねえ。」「友だちだからきづいたのだね。」など、様々な感想を持つことでしょう。

◇友だちとはなにか（まとめよみ）

〈さんびきは、ゆうやけの　したを、かたをならべて〉かえります。一緒に遊び、共感しあえたなかまだからこそ、〈かたをならべて〉帰るのです。じんぶつたちを包み込むゆうやけが、あたたかい雰囲気と満足感をイメージさせます。〈ながい　かげぼうしが　あとから　ついていきました〉という表現も、かげぼうしが生きているように感じられて、想像するとなんだか笑えてきます（ユーモア）。そんなおもしろさも体験させたいものです。きっと、明日もいっしょに仲良く遊び、かたをならべて帰ることでしょう。

では「なぜ、かたをならべてかえるのでしょう。」と問えば、「友だちだから。」「なかよしだから。」という答えが返ってきます。「では、友だちとはどんな仲間なのでしょうか。」とこの物語全体を通して考え、子ども達にとっての学習の意味を考えるまとめよみへといざなっていきます。この教材を通してわかることは、なかよしの友だちとは、ただ一緒に遊ぶだけではなく、一緒に遊んで楽しく、相手に関心をもって、互いに共感し合える仲間こそ友だちだということができます。

（後藤美智子）

25 かたかなを　みつけよう

かたかなで表記するのは、音の様子を表す擬音語、外来語、外国の地名や人名です。ここでは食べ物に関係する外来語を取り上げています。長音・促音・拗音の表記の仕方も含めてあつかいます。

教科書下巻の三六頁には「かたかなを　かこう」、七二頁に「かたかなの　かたち」という単元があります。読み方と書き方を同時に進める方が効率的です。特にソとン、シとツの違いについては徹底します。中・高学年になっても混同している子がいるからです。

（上西信夫）

26 「うみの　かくれんぼ」

◇題名が観点や仕掛になっている

読者が最初に出会うのが題名です。この題名がこれから学習する内容を表しており、**観点**となります。

「うみ」も「かくれんぼ」もどちらも知らない人はいないのではないでしょうか。一年生である読者にとってはワクワクするような言葉が題名になっているので、興味関心を持って説明文の世界に入り込めるような**仕掛**になっているのです。

◇仕掛によって引き込まれる

まず、教科書の一一四頁を開けてみましょう。題名のすぐ横に見開きで広くて大きな海の写真が載っています。実はこれも**仕掛**です。この写真を見て私たち読者は「この中に一体どんな物が隠れているのだろう。」と興味を持ち、先が読みたくなります。そしてその左端には〈うみには、いきものがかくれています〉と言い切り、〈なにが、どのようにかくれているのでしょうか〉と読者に問いかけています。（観点が問いの形で提示されており、それが同時に）ますます読みたくなる**仕掛**になっているのです。

◇理由を考えることで隠れる謎が解ける

次のページに進むと、「何がどこに隠れているのか。その生き物の特徴。どのように隠れるのか」という形式が繰り返されて（**類比**）いることが分かります。また「なぜ隠れるのか？」**理由**を考えることによって、その生き物がどのような生き方・くらし方をしているのかが分かり、「なぜ隠れるのか。」という謎が解けるのです。

○はまぐり

なにがどこにかくれているのか　↓　はまぐりがすなのなか

特徴　↓　大きくてつよいあしをもっている。

どのように　↓　すなのなかにあしをのばして、すばやくもぐってかくれる。
なぜ（理由）　↓　エサを獲ったり、敵から身を守ったりするため。

○たこ

なにがどこにかくれているのか　↓　たこがうみのそこ
特徴　↓　からだのいろをかえることができる（擬態）。
どのように　↓　まわりとおなじいろになって、じぶんのからだをかくす。
なぜ（理由）　↓　エサを獲ったり、敵から身を守ったりするため。

○もくずしょい

なにがどこにかくれているのか　↓　もくずしょいがいわのちかく
特徴　↓　はさみで、かいそうなどを小さくきることができる。
どのように　↓　かいそうなどをからだにつけて、かいそうにへんしんする。
なぜ（理由）　↓　エサを獲ったり、敵から身を守ったりするため。

「かくれんぼ」という楽しい遊びをイメージする題名が、敵から身を守り、エサをとるためという、海の生き物にとって生きる本質につながる認識内容は、子どもたちにとって驚きと感動をもって受けとられることでしょう。

◇説明する力へと……説得の論法

説明文の本質は、「読者にわかりやすく説明する。」ということです。
この説明文では、〈うみには、いきものがかくれています〉と仕掛のある書き出しで、〈なにがどのようにかくれているのでしょうか〉と問い、三つの例を挙げて「どこにどのようにかくれているのか」**観点**に沿って書かれています。またそれぞれの生き物に対して、どのように隠れるのか、実際の様子が三枚の写真で補足され、より読者に分かりやすい工夫をして説明がされています。これも**仕掛**です。このように、相手に分かりやすく説明する方法〈筆者の表現の工夫〉を私たちは**説得の論法**と呼んでいます。

この説得の論法を子どもたちに学ばせ、説明する力へとつなげていきたいと考えています。筆者の説明のうまさ・工夫を学ぶことで、その後自分が表現するときに生かしていくのです。作文を書くときに書き方をあれこれと教えるのではなく、すぐれた文芸作品や説明文を学ぶことで裏返しに表現する力をも同時に育てていくのです。

〈花岡美由紀〉

27 かずと　かんじ

和語と漢語の数の唱え方の違いです。わらべ歌のなかの「かぞえうた」がありますから、それらも参考にするといいでしょう。

〈上西信夫〉

㉘「くじらぐも」（なかがわ　りえこ）

◇書き出しの扱い

〈四じかん目〉ですから、いよいよこれから楽しい給食が待ちかまえている時間です。

〈一ねん二くみ〉とありますから、「一年一組」と違っていくつかあるクラスのうちの一つ、平凡なあるクラスというイメージがなんとなくあります。平凡なありふれたクラスの子どもたちというイメージです。

〈たいそうを　して　いると、空に、大きな　くじらが　あらわれました。〉〈くじらが　あらわれ〉たとあるので、ちょっと驚きです。「おや？」と思わせる**仕掛**です。「えっ？」と思って次を読むと、〈まっしろい　くもの　くじらです。〉となります。「ああ、雲のくじらか。つまり、くじらのような雲が出たということだな。」と納得できます。こういうところが表現の巧みさですが、それを本格的に問題にするのは高学年になってからです。ここでは先生が「空に大きなくじらというから、びっくりするね。えっ、と思って先を読むと、まっしろい雲のくじらと書いてあるから、ああそうかとわかるんだね。」という程度に説明して、先へ行けばいいのです。

◇対応を表すことばを押さえて

さて、問題は、〈「一、二、三、四。」くじらも、たいそうを　はじめました〉の〈も〉です。この教材ではこの〈も〉という助詞を非常にたくさん使っています。しかも大事な使い方をしています。ですから、これをとりたてて指導したいと思います。〈くじらも〉といえば、その前に体操をしているものがいるから〈も〉となるのです。前に〈子どもたちが　たいそうを　して　いる〉とあります。それとひびき合っています。つまり、そのことのくり返しですから、〈も〉となるのです。

また、〈のびたり　ちぢんだり〉と動作を並列するときに、「～したり～したり」という言い方をします。一、二年生では**類比（反復）**が大事な課題ですから、その意味でも〈も〉とか〈～たり～たり〉をとりたててほしいと思います。

〈しんこきゅうも　しました〉ということは、くじらものびたり、縮んだり、深呼吸もしたということです。もちろんその前に、子どもたちがのびたり、縮んだり、深呼吸をしたことが、その前提としてあります。ですから、ここではくじらの様子を思い浮かべるだけではなくて、くじらの様子から子どもたちの様子もわかることが大事です。

〈みんなが　かけあしで　うんどうじょうを　まわると、くもの　くじらも、空を　まわりました〉で、「～が～すると、～も～した。」という文型、文脈をしっかり押さえておきます。これがこの後、ずっとくり返されています。「みんながまわると、くじらもまわる。」「子どもたちが体操すると、くじらも体操する。」という文型です。

◇反復を表す〈くじらぐも〉の本質

〈せんせいが　ふえを　ふいて、とまれの　あいずを　すると、くじらも　とまりました〉。

ここは少し前の文型と違っています。「先生が笛を吹いて、止まれの合図をすると、くじらも止まれの合図をしました。」ではありません。ということは「先生が止まれの合図をすると、子どもたちが止まった。」という事実が、その前提としてあるのです。「子どもたちが止まったから、くじらも止まった。」のです。それが省略されているのです。こういうところは注意して読んでください。

このように、文の裏側を読む、後先のつながりを考えて読むことが大切です。これは上巻の「はなの　みち」でも、そのような読みが必要でした。そこに書いてはないけれども、前と後のつながりの中から、そのことがわかるということをお話ししました。ここでは、〈も〉という助詞のはたらきから、そのことがわかるのです。

〈「まわれ、みぎ。」せんせいが　ごうれいを　かけると〉〈子どもたちは　まわれみぎを　しました。だから）〈くじらも、空で　まわれみぎを　しました〉となります。

くり返し、くり返し、くじらが子どもたちのまねをするということが語られ、そこで、〈「あの　くじらは、きっと　がっこうが　すきなんだね。」〉と言われると、読者も「なるほど。」と思います。なぜなら、何回もくり返しくじらが子どもたちのまねをしているからです。だから、この子どもたちの会話のことばを読者が納得できるのです。反復するということの大事なはたらきです。

子どもたちが、〈「おうい。」〉と呼ぶと、くじらも〈「おうい。」〉と応えます。〈「ここへ　おいでよう。」〉と誘うと、くじらも誘います。こういう対応がまたくり返されます。

◇話の運びのみごとさ

〈「よし　きた。くもの　くじらに　とびのろう。」男の子も、女の子も、はりきりました〉。「みんなとびのりました。」としないで、わざわざ〈男の子も、女の子も〉としているのは、くり返しを使うことで、みんながとびのったことを強調するためです。

そして、〈みんなは、手を　つないで、まるい　わに　なると、「天まで　とどけ、一、二、三。」とジャンプしました。でも、とんだのは、やっと　三十センチぐらいです〉とあります。〈でも〉というのは、相当とべるだろうと期待したのに、とんだのはたったの三十センチだったので、「なあんだ。」という感じです。実際は、みんなで手をつないでとぶと、なかなかとべないものです。それで、〈「もっと　たかく。もっと　たかく。」〉とくじらぐもが応援して、〈こんどは、五十センチぐらい　とべました〉となります。ここは、くり返しになっています。ホップ・ステップ・ジャンプの次のジャンプで、〈いきなり、かぜが、みんなを　空へ　ふきとばしました〉となります。ここが話のおもしろいところです。一挙に話が空へ飛躍します。でも、最初から、〈「天まで　とどけ、一、二、三。」〉で〈くじらぐも〉にとび乗りましたというのでは、あまりにも唐突で読者がついていけません。〈やっと　三十センチ〉、〈こんどは、五十センチ〉、そして、いきなり風が出てきて、〈くも〉の上というように、話の運びがなかなかみごとです。

◇漢字指導は助詞、送りがなをつけて

さて、ここで「空」という漢字が出てきましたが、漢字の扱いで「空」だけ書かせないで、〈空で、まわれみぎを　しました〉〈空に、大きな　くじらが　あらわれました〉〈空を　まわりました〉というように、「てにをは」をつけて指導してください。この後も、〈空へ〉〈空の〉〈空は〉と、「てにをは」（助詞）がいろいろと変化して使われています。こういう名詞を扱うときは、ただ漢字だけを扱うのではなく助詞をつけて指導するといいと思います。

もちろん、送りがなのつく漢字は、送りがなをつけて書きとらせることが大事です。

◇〈せんせい〉の人物像

さて、〈そして、あっと　いう　まに、せんせいと　子どもたちは、手を　つないだまま、くもの　くじらに　のって　いました〉「のりました」ではなく、〈のって　いました〉ですから、気がついたときにはもう乗っていたという感じがあります。〈せんせいと　子どもたちは、手を　つないだまま〉というのが非常に楽しいですね。みなさんはどうでしょうか。体操をしているとき、子どもたちが余計なことをしたら、「やめなさい、みなさん。」などと、たいてい怒るのでしょうか（笑い）。ところが、この先生は子どもと一緒になって、雲にとび乗ってい

なります。

ます。なかなかいい先生です。楽しいですね。これも体操のうちになりますし、社会見学にもなります。

〈「さあ、およぐぞ。」くじらは、あおい　あおい　空の　なかを、げんき　いっぱい　すすんで　いきました〉。この〈あおい　空〉は、青い海というイメージに転化しますから、くじらというイメージがあまり唐突ではありません。もし、空が赤かったら、くじらというイメージがそぐわないかもしれません。こういうところに、作者の気配りがあるような気がします。それにまた、くじらは大きいから、一クラス分乗っかっても平気だというイメージがあって、おもしろいと思います。飛ぶのではなくて、〈およぐ〉というのもリアリティがあります。〈あおい　あおい　空の　なかを、げんき　いっぱい　すすんで　いきました。うみの　ほうへ、むらの　ほうへ、まちの　ほうへ〉。ここで、くっつきの「へ」をもう一度思い出させて指導してみてください。

みんな、歌を歌って、どこまでもどこまでも行きます。すると、〈「おや、もう　おひるだ。」せんせいが　うでどけいを　みて、おどろくと〉となります。この辺りが先生らしいところです（笑い）。子どもたちは遊びほうけていますが、先生はもうそろそろだと思う頃に、ちょっと時計を見て、「あっ、時間だ。はい、終わり。」となるわけです。大変楽しく子どもと遊びながら、ちゃんとけじめがつくところが、この先生のよいところでしょう（笑い）。

〈「では、かえろう。」と、くじらは、まわれみぎを　しました〉。そして、学校が見えてきて、〈「さようなら。」みんなが　手を　ふった　とき〉、またちょうどよい具合に〈四じかんめ

の　おわりの　チャイムが　なりだしました〉。話というのはうまくできているものです。「さようなら。」をした後は、これから楽しいお昼の給食です。そして〈くもの　くじらは、また　げんき　よく、　あおい　空の　なかへ　かえって　いきました〉ということになります。

◇〈くじらぐも〉の本質から人間の真実へ

この教材では、地上の子どもと空のくじらの対応があります。その対応が〈も〉ということばで、みごとにつくり出されています。

それから、**くり返し（類比）**がありますが、そのくり返しのなかには、子どもとくじらの心の通い合い、学校（子どもたち）が好きなんだというくじらぐもの本質、高くとびたいという子どもの願い、思う存分大空を泳ぎ回りたいという子どもの楽しい願いがあります。これらは**人間の真実**でもあります。だから、人間は飛行機をつくったのです。一緒に楽しく大空を自由に飛んで、広い世界を見てまわりたいという人間の真実が語られています。

（西郷竹彦）

【「くじらぐも」二場面　たしかめよみの指導案例】

ねらい	てがかり	てだて
〈子どもたち〉が〈くじらぐも〉にはたらきかけ、ひびき合う関係になったことをとらえさせる。	・「おうい。」（子どもたち） ・「おうい。」（くじらぐも） ・「ここへおいでよう。」（子どもたち） ・「ここへおいでよう。」（くじらぐも） ・大きなこえで	【めあて】 くじらぐもと子どもたちのねがいはなんでしょうか。 ○子どもたちと、くじらぐもになって音読してみましょう。 ・わかれて読む（ひびき合っていることをとらえさせる。） ○一の場面の子どもたちと違うところはないですか。（対比） ・最初に声をかけたのは？ ・どうして〈大きなこえで〉なのでしょう。

〈くじらぐも〉と〈子どもたち〉のそれぞれのねがいが、いっしょになっていることをとらえさせる。
・（子）よびました。 ・（く）こたえました。 ・（子）ここへ……とさそうとした。 ・（く）ここへ……とこたえました。 ・（く）ここへおいでよう。 ・（子）よしきた。～とびのろう。
○くじらぐもの様子は、一の場面と同じですか。（対比） ・また、まねをしているのでしょうか。 ・子どもたちの〈ここ〉と、くじらぐもの言う〈ここ〉は同じでしょうか。 【まとめ】 ○くじらぐものねがい、子どもたちのねがいは何でしょう。 （く）みんなをのせてあそびたい。 （子）くもにのりたい。 （く）（子）いっしょにあそびたい。

【「くじらぐも」二場面　たしかめよみの板書例】

くじらぐも　　　　なかがわりえこ

◉めあて　くじらぐもと子どもたちのねがいはなんでしょう。

〈くじらぐも〉

くじらぐもの絵

「おうい。」
とくじらも
こたえました。

〈子どもたち〉

子どもたちの絵

みんなは、大きなこえで
「おうい。」
とよびました。

よぶ

ひびき　あっている

こたえる

（うんどうじょう）
「ここへおいでよう。」
とみんながさそうと、
ねがいが生まれた

さそう

（空）
「ここへおいでよう。」
くじらも
さそいました。

ひびきあっている

さそう

「よしきた。
くものくじらにとびのろう。」
はりきりました。

くじらぐものねがい

みんなをのせてあそびたい。
みんなとともだちになりたい。

子どもたちのねがい

くもにのってみたい。
くもといっしょにあそびたい。
くもにのってとおくまでいきたい。

いっしょにあそびたい。

（るいひ）

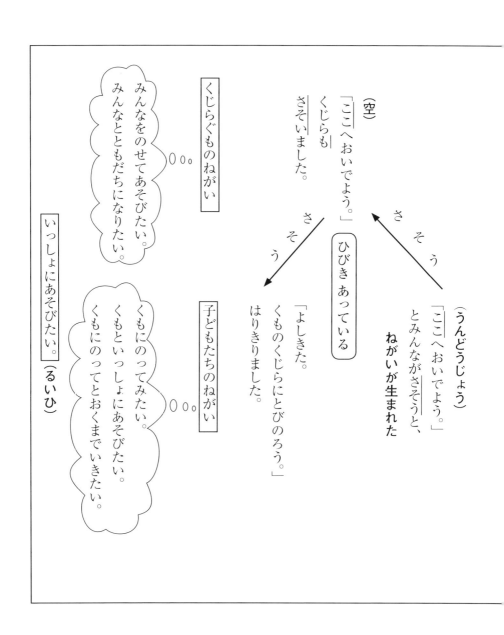

29 しらせたいな、見せたいな

言語活動例の「経験したことや報告する文章や観察したことを記録する文章などを書く」に対応した報告や記録の文章を書く単元です。生活科の学習と関連させるといいでしょう。表現はいつも、何のために・だれに・何を知らせるか、**目的意識・相手意識・主題意識**をもつことを大切にします。教科書では「いえのひとにしらせましょう」と報告する相手を明確にしています。観察したことを報告するためには、観察したことや感じたことを、その場で記録することが必要です。観察のときにどこに着目するか（**観点**）、観察するもののどこを熟視させるかがポイントです。

（上西信夫）

30 かん字の　はなし

今までひらがな、かたかなを学習してきた子どもたちにとって漢字指導で一番おさえなければならないことは、漢字は音だけでなく意味を表す文字であることを取り上げることです。その意味で二音節（山〈ヤマ〉・水〈ミズ〉・雨〈アメ〉・月〈ツキ〉・上〈ウエ〉・下〈シタ〉）の象形・指示文字から入る順序は理にかなっています。ついで三音節の林〈ハヤシ〉（魚〈サカナ〉など）、そして一音節の日〈ヒ〉・木〈キ〉・田〈タ〉に進みます。

（上西信夫）

31 ことばを　見つけよう

「ことばあつめ」あそびの一つです。〈かばんのなかには、かばがいる。〉〈みかんのなかには、かんがある。〉と、隠れている単語を見つけること。さらに生き物のときは〈いる〉、物のときは〈ある〉の述語の違いにも気づかせます

（上西信夫）

32 「じどう車くらべ」

◇身近な事実や経験をふまえて始まる書き出し

「じどう車くらべ」は比べるということを主題にした教材です。〈いろいろな　じどう車が、どうろを　はしって　います〉という書き出しで始まっています。説明文の書き出しにはいろいろなものがありますが、読者である子どもがよく知っていること、身近な経験やよく知られている知識、事実、あるいは常識をふまえたものから始まる説明文が多くあります。

この後、二年からの説明文の教材を見ますと、多くの書き出し方が、大まかに言うと、二通りあることがわかります。一つは、問いの形で**観点**を示して始まる書き出し方、もう一つは、身近な事実や経験、知識、常識から始まる書き出し方です。細かく分けるといくつもありますが、だいたい二つに分けられます。

「じどう車くらべ」は、はじめにも述べたように後者の書き方になっています。〈いろいろな　じどう車が、どうろを　はしって　います〉ということを知らない子どもはいません。読者である一年生がみんな知っていることです。それを枕にして書き出されています。

◇観点を定めて比較する

下のさし絵を見るといろいろな自動車が走っています。乗用車あり、トラックあり、タクシーあり、さまざまです。

そして、はじめに、〈それぞれの　じどう車は、どんな　しごとを　して　いますか〉とあり、次に〈その　ために、どんな　つくりに　なって　いますか〉と書かれています。

〈どんな　しごとを　して〉いる車かが問われ、〈どんな　つくりに　なって〉いるかが、また問われています。この二つの問いが**観点**になっています。〈しごと〉と〈つくり〉の二つが**観点**になっているのです。

〈バスや　じょうよう車は、人を　のせて　はこぶ　しごとを　して　います〉とあります。〈人を　のせて　はこぶ〉ということが、〈バスや　じょうよう車〉の〈しごと〉です。次の

〈その　ために〉という言い方は、広く言えば、「**わけ**」を表す言い方です。〈その　ために、ざせきの　ところが、ひろく　つくって　あります。そとの　けしきが　よく　見えるように、大きな　まどが　たくさん　あります〉。これは何を書いてあるのでしょう。〈つくり〉です。その〈しごと〉に合うように、その〈しごと〉がきちんとできるような〈つくり〉になっているということです。

まず、〈ざせきの　ところが、ひろく　つくって〉あるというのは〈つくり〉です。〈大きな　まどが　たくさん〉あるというもの〈つくり〉です。では、〈そとの　けしきが　よく見えるように〉というのは何でしょうか。〈大きな　まどが　たくさん〉あるという〈つくり〉のわけです。なぜ〈大きな　まどが　たくさん〉あるのかというと、その「わけ」は〈そとの　けしきが　よく　見える〉ためです。〈見えるように〉というのは、「わけ」を表していま す。〈大きな　まどが　たくさん〉あるということのわけを言っているのです。〈ために〉とか〈ように〉といった言い方には注意してください。

◇〈しごと〉と〈つくり〉　順序を押さえて

ここが〈しごと〉について書いてあるところ、ここはその〈つくり〉について書いてあるところ、というようにしっかり区別することが大切です。

先に〈しごと〉が書いてあって、それから、どういう〈つくり〉になっているかが書かれています。その**順序**を押さえることも大事です。

〈どんな　しごとを　して　いますか〉と〈どんな　つくりに　なって　いますか〉という問いにも順序があります。まず〈しごと〉のこと、それから、それに見合った〈つくり〉がどうかという順序になっていることが大事です。この後は全部答えになっています。答えに相当するところも、やはりその順序で書かれています。問いの順序・答えの順序があります。その**順序**をしっかり指導してください。

〈トラックは、にもつを　はこぶ　しごとを　して　います〉と、トラックの〈しごと〉について書いています。〈その　ために〉というのは、この後に、〈にもつを　はこぶ〉ために〈つくり〉はこうなっているという「わけ」になります。

〈うんてんせきの　ほかは、ひろい　にだいに　なって　います。おもい　にもつを　のせる　トラックには、タイヤが　たくさん　ついて　います〉とありますが、これはなんでしょうか。〈つくり〉です。なぜタイヤがこんなにたくさんついているのでしょうか。〈おもいにもつを　のせる〉から、そういうトラックにはタイヤがたくさんついているのです。タイヤがたくさんついていると重さを分散させることができます。車のタイヤが少ないと、一つのタイヤにかかる重みが大きくなります。だから、一つひとつのタイヤにかかる重さを少なくするために、たくさんのタイヤをつけることになる「わけ」です。

　ここでさし絵について説明しておきます。ここに描かれているバスやトラック、消防自動車などは左側を向いています。なぜ左側を向いているのでしょうか。欧米の文章は左から右、上から下へと書かれていて、頁も左から右へと進んでいきます。これに対して、日本語で書かれた文章は右から左へと書き進められて、頁も右から左へと進んでいきます。話に方向性があるので、右から左への方向性にのせて動いていくように描いているのです。ほかのところを見ても、大体、行動しているものは右から左へと描いてあります。たいしたことではないかもしれませんが、少し気をつけてください（黒板に絵図を描くときも注意すること）。

〈クレーン車は、おもい　ものを　つり上げる　しごとを　して　います。その　ために、じょうぶな　うでが、のびたり　うごいたり　するように、つくって　あります〉。〈車たいが　かたむかないように、しっかりしたあしが、ついて　います〉。〈あし〉が四本出ています。これらでしっかり固定して、車体が揺れたり傾いたりしないようになっているのです。

◇最後に観点を再び示す

最後の後半部分は、今までの書き方と違っています。これまでは、全部「〜はどんな〈しごと〉をするか。」ということが書いてあり、そのたびに〈つくり〉がどうなっているかを書いてありました。表現の形式が**類比**されていました。ところが、一番最後のところだけは〈どんなしごと〉〈どんな　つくり〉と問いの形になっています。前のほうは「〜はこれこれこういう〈しごと〉をします。」「それで、そのため、こういう〈つくり〉になっています。」となっていました。ここでは、はじめに示した観点を再度あげています。もうここでは、わざわざ説明しなくても子どもたちにわかるので、自分で考えさせるようにしているのです。

（西郷竹彦）

33「まの　いい　りょうし」（いなだ　かずこ／つつい　えつこ）

◇語り口

この単元は、「きいて　たのしもう」という単元です。せっかく読み聞かせするのですから、語りの文芸である昔話の特徴をできるだけ押さえながら読み聞かせしたいものです。

〈むかし、あるところに○○という□□がいたんだと〉という語り出しや、語り納めの〈……だと。これで、いちご、さけた。（これで、めでたし、めでたし）〉などは、どの昔話にも共通したものです。地方によってことばは違っても、形は同じなのです。また、〈ぞろっと〉〈ガワガワ〉〈もぞもぞ〉など、随所に使われている声喩は、イメージ化が十分できるように読んであげましょう。

子どもたち自身が昔話に出合ったときに、これらの特徴を思い出しながら読むことができたら、読書はより楽しいものになるでしょう。

◇ユーモアの体験

「まの　いい　りょうし」は、〈ほしたら〉〈えびっこだのどじょっこだの〉〈「かかさ見せっぺ。」〉など、方言になんともいえない味わいがあります。泥臭さとともにユーモアを感じさせます。また、昔話の特徴の一つである「数えたて」も、大変愉快です。

たった〈一ぱつ〉のてっぽう玉から〈かもを十五わに大いのしし、山のいもなら二十五本、……大きなきじのたまごを十こ〉と、たいりょうになっていくという内容は、数によるリアリティーがありつつも、あまりにも話がうまい方向に展開するため、「そんなことがあるだろうか」と笑いたくなってしまいます。ほらふきばなし特有のおもしろさを感じとらせたいものです。

◇くり返しを生かして

読み聞かせしながらぜひ気づかせたいのは**「くり返し」（類比・反復）**です。昔話は、必ずといっていいほど、**変化をともなって発展する反復**を使っており、聞き手を飽きさせることがありません。（**対比**も使われます。対比も類比もものごとの本質を強調します。）次々と運のいいことが起きることに気づいたら、ところどころで立ち止まりながら「この先は、どんないいことが起きるかな。」と予想させながら読み聞かせをしていくといいでしょう。聞き手の予想をはるかにこえる奇想天外さで話が進むため、そこでまた笑いが起きるというおもしろさがあります。

（髙橋睦子）

34 むかしばなしが　いっぱい

「伝統的な言語文化に関する事項」と、読んだ本について「好きなところを紹介する言語活動」をねらいとした単元です。昔話に限らず、担任や地域のボランティアの方の読み聞かせが多くの学校で行われています。そのような読書活動とあわせて進めることです。「おはなしノート」（四五頁）のような読書カードを年間通して、日常的な読書指導として実施してください。

五〇頁に「本を　えらんで　よもう」という読書指導に関わる単元があります。学校図書館の使い方、本の借り方、分類棚の大まかな説明など指導します。本の選び方は、知っている作者の本だから、題名に関心を持って、表紙の絵がおもしろそう…とさまざまです。低学年の子どもたちの読書は、一般的には多読でいいのですが、文芸研では、《つづけよみ》《くらべよみ》という意図的な読書指導を提唱しています。詳しくは三九頁からの読書指導の項を参考にしてください。

（上西信夫）

35「ずうっと、ずっと、大すきだよ」（ハンス＝ウィルヘルム　さく・え／ひさやま　たいち　やく）

◇比較（類比・対比）してみる

文芸教材や説明文教材を教材研究するときに、または授業するときも、まず一番に目をつけてほしいことは、何がくり返されているかということです。この教材もいくつかの場面があります。それらの場面を全部比べてみて、どこが同じか、どこが似ているかということを見ていくのです。そういう見方・考え方を**類比**といいます。類比してみるということをことばをかえて言えば、くり返されていることを見るということです。反復をとらえるということです。これが読みの一番基本になります。

そして、それと同時にその中に**対比**があるかないかを見ていきます。いつも対比があるとは限りませんが、この教材でいえば、〈ぼく〉と〈にいさんといもうと〉との〈エルフ〉という犬に対する態度が対比になっています。対比によって、〈ぼく〉と〈エルフ〉との関係を、いっそう強調することになります。

類比も強調の方法であり、対比も強調の方法なのです。〈エルフ〉に対する〈ぼく〉の態度や気持ちなどがくり返し強調されています。それがまた、〈エルフ〉に対する〈にいさん〉や〈いもうと〉の関係や態度などとの対比において、さらに〈エルフ〉に対する〈ぼく〉の態度や気持ちなどが強調されています。二重に強調の効果があります。ですから、基本は、そのことをまず一年生からしっかり押さえておくということです。

◇話者としての〈ぼく〉

さて、書き出しに〈エルフの　ことを　はなします〉と言っている人がいます。〈エルフは、せかいで　いちばん　すばらしい　犬です〉と言っているのです。〈ぼくたちは、いっしょに大きく　なった〉。〈ぼくたち〉というのは、〈ぼく〉だけではなくて、自分の犬である〈エルフ〉も含めて〈ぼくたち〉と言っているのですが、〈ぼく〉という**人物**がこの話を語っているということがわかります。

この話を語ってる〈ぼく〉を**話者**（**語り手**）といいます。〈エルフの　ことを　はなします〉と言っているのは話者です。〈エルフは、せかいで　いちばん　すばらしい　犬です〉というのは、話者である〈ぼく〉のことばです。話者は**作者**とは違います。作者が自分の書いている作品の中に設定した〈ぼく〉という人物です。その〈ぼく〉という人物は、語りという話者の役割を与えられています（作者が話者になることもあります）。

話者の〈ぼく〉は、自分のことを語ることもありますし、他人のことを語ることもあります。この教材でいえば、〈エルフ〉のことを語っています。あるいは、自分のことは全然語らないで、他のものについてだけ語るという話者もあります。ここでは、話者の〈ぼく〉が、自分と〈エルフ〉との関係をそれぞれ半々ぐらいに語っているという形になっています。そういうところを押さえておいてください。

◇逆接〈でも〉を押さえて

〈ぼくたちは、いっしょに　大きく　なった。でも〉と、〈でも〉という逆接がくり返し使われていますから注意してください。〈でも、エルフの　ほうが、ずっと　早く　大きく　なったよ〉とあります。犬のほうが、早く大きくなります。〈ぼくは、エルフの　あったかい　おなかを、いつも　まくらに　するのが　すきだった。そして、ぼくらは、いっしょに　ゆめを見た〉。こういうことがずうっと積み重なってきて、〈ぼく〉にとっては〈エルフ〉はかけがえのない、〈せかいで　いちばん　すばらしい　犬〉ということになるのです。

〈にいさんや　いもうとも、エルフの　ことが　大すき〉であることは当然ですが、〈でも、エルフは、ぼくの　犬だったんだ〉のところにも、〈でも〉と、逆接が出てきています。〈でも、エルフは、ぼくの　犬だったんだ〉ということは、〈にいさんやいもうと〉より、〈ぼく〉のほうがもっともっとエルフが好きだったし、エルフも〈ぼく〉のことを好きだったんだ、ということを言っているのです。それで〈ぼくの犬〉と表現しているのです。この〈ぼく〉にとって、かけがえのない、すばらしい、大事な犬だ、と言っているのです。

〈エルフと　ぼくは、まい日　いっしょに　あそんだ〉。いろんなことをして〈ときどき、エルフが　わるさを　すると、うちの　かぞくは、すごく　おこった。でも〉となり、また、逆接が出てきます。〈みんなは、エルフの　こと、大すきだった〉。その次には「でも」ということばはありませんが、「でも」ということばを入れると非常によくわかります。〈(でも)すきなら　すきと、いって　やれば　よかったのに〉、〈(でも)だれも、いって　やらなかった〉と入れてみてください。

なぜ言わなかったかというと、**わけ**は〈いわなくっても、わかると　おもって〉いたからです。そう思っていたから、〈だれも、いって　やらなかった〉んだということです。その裏に、「でも、〈ぼく〉は、大好きだったから好きということをエルフに言ってやった」ことを言外に表現しているのです。文章を読むときはこういうところが大事です。

〈いつしか、ときが　たって　いき、ぼくの　せが、ぐんぐん　のびる　あいだに、エルフは、どんどん　ふとって　いった〉。一方は背が伸びていくのに、一方は太っていったのです。下にさし絵がありますが、なんとなくユーモラスです。〈ぼくたちは、エルフを　じゅういさんに　つれて　いった。でも、じゅういさんにも、できる　ことは　なにも　なかった〉。要するに、ただ老衰していくだけだったのです。別に病気というわけではありません。〈「エルフは、としを　とったんだよ。」じゅういさんは、そう　いった〉。病気なら治療の仕方があるのですが、だんだん年をとって老衰していくことは病気ではありませんから、獣医さんが特別に治療することはないのです。

◇日本人とヨーロッパ人の違い

〈まもなく、エルフは、かいだんも　上れなく　なった。でも、エルフは、ぼくの　へやで　ねなくちゃ　いけないんだ〉。だから、さし絵にもあるように〈ぼく〉がエルフを抱っこしてかついでいくことになるのです。〈ぼくは、エルフに　やわらかい　まくらを　やって、ねるまえには、かならず、「エルフ、ずうっと、大すきだよ。」って、いって　やった〉。「ずうっと、大すきだよ。」と、声をかけてやっているということです。これは、実に大事なことです。好きだということは言わなくてもわかっているから言わなくてもいい、という考え方もありますが、このへんは日本人とヨーロッパ人の違いでしょう。ヨーロッパの人は夫婦の間でもやたらに「愛してる。」とか「好きだよ。」とか「今日の君は、すばらしい。」といったことを言います。日本の男は、照れくさくてなかなか言いません。むこうでは、これは一つのしつけにまでなっています。小さいときからこういうしつけをするのです。ただ好きだと自分が思っているだけではだめで、「好きだよ。」とか「愛してるよ。」とかをきちんとことばでも表すことができるようにしつけるのです。ここでも、〈ぼく〉はエルフがずうっと大好きだから、「大好きだ。」ということをことばでも言っているのです。

◇〈ぼく〉と〈にいさんやいもうと〉との対比

〈ある　あさ、　目を　さますと、　エルフが、　しんで　いた。　よるの　あいだに　しんだんだ〉。本当にあっけなく死んだのです。安楽死、大往生という感じです。〈ぼくたちは、エルフを　にわに　うめた。　みんな　ないて、　かたを　だきあった。　にいさんや　いもうとも、エルフが　すきだった。　でも、　すきって　いって　やらなかった〉。これは対比になっています。〈ぼく〉のほうは、いつもいつも「大すきだよ。」と言ってやったのに、にいさんやいもうとのほうは、エルフが好きなんだけれども、「すき。」と言ってやらなかったということが、決定的な違いです。だから〈ぼくだって、　かなしくて　たまらなかったけど、　いくらか　きもちが　らくだった〉。なぜなら、〈だって、　まいばん　エルフに、　「ずうっと　大すきだよ。」って、いって　やって　いたから〉です。〈だって〉〈から〉というのは理由を表しています。「すき。」と言ってやる〈ぼく〉と、「すき。」と言ってやらない家族との対比が、ずっとくり返されています。

◇愛しているということのしるし

〈となりの　子が、　子犬を　くれると　いった。もらっても、エルフは　きに　しないって　わかって　いたけど、ぼくは、いらないって　いった〉。やっぱり、愛しているという証拠というか、気持ちというか、そういうことが出てきます。〈かわりに、ぼくが、エルフの　バスケットを　あげた〉。なぜかというと、その理由が次に書いてあります。〈ぼくより、その　子の　ほうが、バスケット　いる〉からだ、ということです。

〈いつか、ぼくも、ほかの　犬を　かうだろうし、子ねこや　きんぎょも　かうだろう〉。そういうことも、いずれあるでしょう。次も「でも」が省略されています。〈(でも) なにを　かっても、まいばん、きっと　いって　やるんだ。「ずうっと　ずっと、大すきだよ。」って〉。「ずうっと、ずっと、大すきだよ。」というのは、もう今は死んでしまったエルフのことを指して言っているのです。たとえ、〈ほかの　犬〉や〈子ねこ〉などを飼ったとしても、死んでしまったエルフよ、おまえのことはやっぱり「ずうっと、ずっと、大すきだよ。」と、きっと言ってやるということなのです。

（西郷竹彦）

【「ずうっと、ずっと、大すきだよ」まとめよみの指導案例】

ねらい	てがかり	てだて
自分の思いをことばにして伝えることで、愛情は深いものになっていくものだという人間の真実に気づかせる。	・せかいで　いちばん　すばらしい　犬でした。 ・せかいで　いちばん　すばらしい　犬です。 ・題名 ずうっと、ずっと、大すきだよ。	○書き出しで〈エルフは、死んでしまったのに、〈すばらしい　犬でした。〉ではなく〈すばらしい犬です。〉と語っています。どうして〈でした〉ではないのですか。 ・ぼくにとってエルフは、死んでも今も大切な犬だから ・今もエルフが大好きだから ※これが題名になっていることを押さえる **◉めあて**　…今も、エルフを「ずうっと、ずっと、だいすきだよ」と言えるのはなぜでしょう。
	・いっしょに大きくなった。 ・いっしょにゆめを見た。	○エルフといっしょにしたことを類比してみましょう。 ・まい日、いっしょにあそんだ。

みんな

・すきと　いってやればよかったのに

・でも、すきって　いってやらなかった。

たいひ

ぼく

・まいばん…「ずうっと、大すきだよ。」って、いってやった。

・ずうっと、ずっと、大すきだよ。

○みんな（かぞく）も、エルフを大すきだったけれど、〈ぼく〉と〈かぞく〉とで違っていたことはなんでしょうか。対比して考えましょう。

○〈大すき〉ということばは、だれの心に残ったのでしょう。

・エルフの心に

・言った〈ぼく〉の心に

まとめ

「大すきだよ。」ということばは、あいてのこころにものこり、いったじぶんのこころにも　のこっていく。

36 「てんとうむし」（かわさき　ひろし）

◇だんどり

話者であるてんとうむし（ぼく）が、聞き手（きみ）に語りかけている詩です。

《だんどり》（導入）として〈てんとうむし〉のイメージを引き出しておきましょう。その中でも、とても小さい（小さくて見過ごされてしまいそうな存在）ということを板書してから本文に入るといいと思います。

◇〈～でも〉〈～ても〉

〈いっぴきでも／てんとうむしだよ〉の書き出しは、川崎洋さんらしいユーモラスな表現です。〈いっぴきでも〉〈ちいさくても〉という**くり返し**からは、「みんなはちっぽけだと思っているだろうけれど、それでも、ここにいるんだよ」と自分の存在を一生懸命訴えているてんとうむしが浮かんできます。〈ぞうと　おなじ　いのち〉のところは、あまりにも大きさの違う〈ぞう〉を引き合いにしていることに、笑いや驚きの声があがるかもしれません。でも、てんとうむしは、ぞうとおなじ大きさのいのちをもちたいと言っているのではなく、〈もっている〉と言い切っているのです。小さい今のままでも、ぼくのいのちは、ぞうのいのちと同じだと言っているのです。小さいながらも胸をはっているてんとうむしの**人物像**が浮かびあがってきます。

◇あいさつの意味

小さいてんとうむしには、どんな相手も大きすぎて目に入らないかもしれません。ですから、相手に〈こんにちはって　いってね〉とお願いしています。あいさつは、相手に心を開いて近づき、仲良くなる第一歩です。「なぜあいさつしてほしいのかな。」「どうして、自分も『こんにちはって　いう』と言っているのかな。」と問えば、子どもたちは「なかよくなりたいからだよ。」「一緒にいっぱい楽しいことをしたいからだよ。」と、まわりとつながりたいというてんとうむしの願いを読みとることでしょう。

「年が上、下、からだが大きい、小さい、力が強い、弱い……いろいろな子がいるけれど、それぞれがそれぞれのままで仲良くできたら世界は広がるね。」と、自分たちの学校生活に重ねて考えられたら、読者一人ひとりにとって意味のある授業になるのではないかと思います。

（葛西利伊子）

37 ものの　名まえ

◇「分ける」「まとめる」

さし絵があります。〈りんご、みかん、バナナ、メロン、ぶどう〉などがあります。それをひとまとめにした名まえは〈くだもの〉、次のさし絵は、さかなやさんです。〈さかな〉は〈あじ、さば、たい〉などという言い方に分けられます。

この**「分ける」**ということと、**「まとめる」**ということは同じ頭のはたらきで、一つのものの見方・考え方の表裏です。分けることができないと、まとめることもできないし、反対にまとめることができると、分けることもできるということです。「分ける」・「まとめる」これは、三年の認識・表現の問題で**類別**として出てきます。類別を別の言い方で「分ける」「まとめる」といいます。

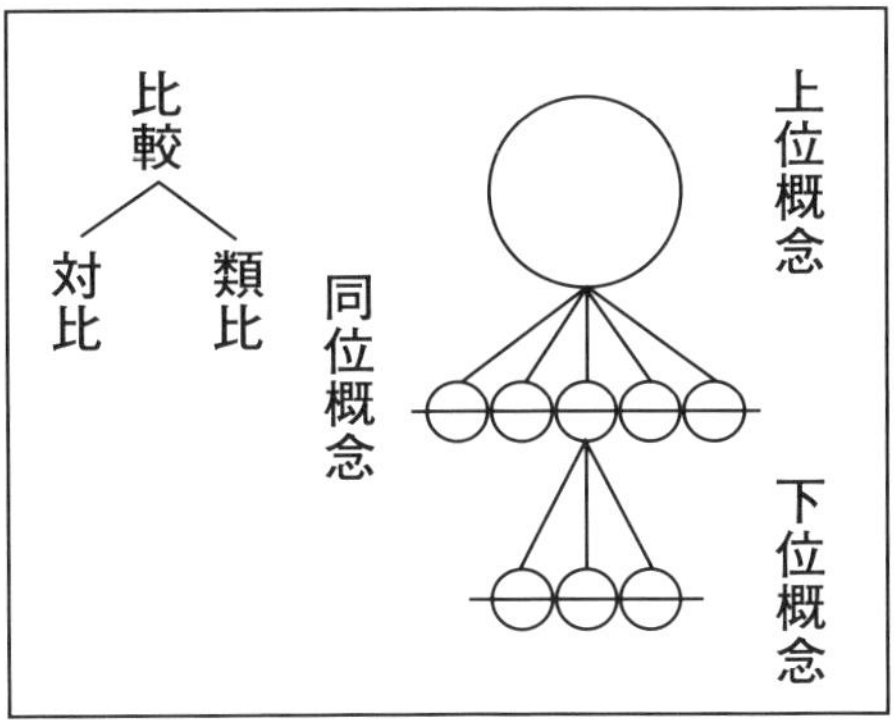

この教材は、いわゆる人人のことばで言えば、上位概念、下位概念、同位概念という問題です。

りんご、みかん、なしのそれぞれの上位概念はくだものです。りんごとみかんとなしは同位概念ということになります。そのりんご、みかん、なしのそれぞれの銘柄を入れると、それは下位概念になります。そういう上位概念、下位概念ということをわからせます。
同種同類のものをまとめることは**類比**することの一つです。

◇類別——比較が基本

一匹一匹の魚はそれぞれ違います。色も違うし、形や種類も違います。この違いを比べて、分けて、まとめるのが類別です。ですから、類別するには、その前に**比較**する見方・考え方が必要になります。**類比**は、比較して共通性を見ることです。それから、**対比**は違いに目をつけるということです。同じようなところと違うところに目をつけるという二つの目のつけどころがあります。

違いに目をつければ、色が赤いとか青いとか白いとか、形が円いとか、いろいろなものがあります。しかし、共通性を見ると、どれも、魚としての特徴をもっています。ヒレ（尾ヒレ、背ビレ）があって、水の中で泳ぐのにふさわしい一種の流線型をしている、という共通性があります。共通性に目をつけたときにこれを「魚」とまとめることができるし、違いに目をつけたときに、これは〈あじ、さば、たい〉と名づけることができるのです。

ですから、まとめるにしても分けるにしても、類別するというのは、比較することがあってできることなのです。ですから、**類別する**ことには、**対比**、**類比**の両方が含まれています。

類別はいずれ三年でやりますが、一年から少しずつ出てきます。一年で大事なことは、比べる、比較するということです。

（西郷竹彦）

38「たぬきの　糸車」（きし　なみ）

◇〈おかみさん〉の目と心に寄りそって

これも書き出しは、いつ――〈むかし〉、どこ――〈ある　山おくに〉、だれ――〈きこりの　ふうふが〉、となっています。〈山おくの　一けんやなので〉の、〈ので〉という理由を表すことばは非常に大事ですから、一年から押さえておいてください。前にも出てきました。〈そこで〉も、**理由**を表すことばです。〈いたずらを〉したから〈わな〉をしかけたのです。ただ〈たぬき〉をとってやろうということではありません。

〈糸車を　まわして〉〈糸を　つむいで　いました〉――糸車とか、糸を紡ぐということは、もう子どもたちの生活の中には見られなくなりました。（さし絵で補説してください。）

〈ふと　気が　つくと〉とありますが、この〈ふと　気が　つくと〉というのは、〈おかみさん〉が気がついたということですから、このお話を語っている人、話者が、おかみさんに寄りそって、おかみさんの気持ちになって語っていることになります。ですから、主語が省かれた形になっています。

対象人物		視点人物
たぬき	←	おかみさん
（ようす）		（ようす）（きもち）

〈ふと　気が　つくと、やぶれしょうじの　あなから、二つの　くりくりした　目玉が、こちらを　のぞいて　い

ました〉。〈こちら〉とありますね。あちらから〈こちら〉をのぞく、これは**心理的な遠近法**です。

つまり、話者は〈おかみさん〉の目と心に寄りそっていますから、向こうから〈こちらを〉〈おかみさんのほうを〉のぞいていることになります。さし絵でもそうなっています。この絵の遠近法は文の遠近法と一致しています。

糸車がまわると〈二つの　目玉も〉まわります。〈も〉という表現がまた出てきました。先の「くじらぐも」で学習したことのおさらいです。〈キークルクルと　まわるに　つれて、二つの目玉も、くるりくるりと　まわりました〉。そして、〈たぬきの　かげが　うつりました〉。つまり、〈こちら〉からは姿は見えません。〈目玉〉と〈かげ〉しか見えません。この遠近法をふまえたイメージのつくり方が大事です。

この〈たぬき〉の様子を見て〈おかみさん〉が、〈おもわず　ふき出しそうに〉なるというのは、そこに〈おかみさん〉の気持ちがはたらいているからです。しかし、〈だまって　糸車を　まわしていました〉。それから、〈まいばん　まいばん　やって〉くるので、〈「いたずらもんだが、かわいいな。」〉とおかみさんは思います。〈たぬき〉の様子、それからそれを見ている〈おかみさん〉の様子と気持ち、この二つの関係をまず押さえておくことが大事です。

それから、話者が〈おかみさん〉の目と心に寄りそって〈たぬき〉を見ていることを押さえてください。たぬきの様子を見て、おかみさんの気持ちも変わります。それがおかみさんの様子にも出てくるのです。

◇〈たぬき〉の様子と〈おかみさん〉の様子・気持ちのひびき合い

たとえば、たぬきが目玉を〈くるりくるり〉とまわすという様子があります。その様子がかげで見えます。だから、おかみさんは思わず吹き出すといった気持ちがあり、しかし、黙って見ているというおかみさんの様子があります。

毎晩やってきて、それをまねするので〈「いたずらもんだが、かわいいな。」〉という気持ちになります。前のところでは、いたずらをされたから、怒っていました。それで、わなをしかけたのです。わなをしかけたのは、きこりの夫婦で、おかみさんも含まれています。おかみさん自身も、いたずらをされたことに怒ってわなをしかけたのです。でも、今度は、〈「いたずらもんだが、かわいいな。」〉と気持ちが変わってきています。

おかみさんの気持ちが変わってきたのは、なぜかというと、そこにたぬきのかわいらしい様子があるからです。その関係を押さえておいてください。

さて、〈ある　ばん、こやの　うらで、キャーッと　いう　さけびごえが　しました〉。〈こわごわ　いってみると〉――〈こわごわ〉というのは、おかみさんの気持ちです。〈いつもの　たぬきが、わなに　かかって　いました〉。そこで〈かわいい〉という気持ちが出ています。〈かわいい〉という気持ちがあるから、〈かわいそう〉〈かわいそうに〉という気持ちにもなってくるのです。はじめはわなをしかけたのに、わなにかかったのを見て〈かわいそう〉になり、そこで〈にがして　やりました〉となります。

また、春になってもどって、〈とを　あけた　とき〉に〈あっと　おどろきました〉。これはおかみさんの気持ちです。なぜかというと、糸をつむいでいないのに、〈白い　糸の　たばが、山のように　つんで　あった〉からです。〈「はあて、ふしぎな。」〉といった気持ちを表すことばに線をひいて、それはどうしてそのようになっていったのか、**わけ**を考えさせてください。すると、それはたぬきの様子がきっかけになっていることがわかります。

たぬきの様子とおかみさんの様子、気持ちのひびき合い、その変わっていく流れを、この教材で押さえていくことが大事です。それは**過程的に見る（順序）**というものの見方・考え方を学ばせることになります。

〈キーカラカラ　キーカラカラ　キークルクル　キークルクル　と、糸車の　まわる　音が　きこえて〉、〈びっくり〉したという気持ちがあります。〈そっと　のぞくと、いつかのたぬきが、じょうずな　手つきで、糸を　つむいで　いるのでした〉と、おかみさんがしていたと同じように紡いでいたのです。おかみさんはびっくりしたと同時に、かわいいなあと思ったことでしょう。

それから〈たぬきは、ふいに、おかみさんが　のぞいて　いるのに　気が　つきました〉。そして、逃げ出します。しかし、〈うれしくて　たまらないと　いうように、ぴょんぴょこおどりながら　かえって〉いきました。本当にかわいいたぬきです。

〈とさ〉というのは、「ということです。」という伝聞を言い表す言い方です。昔話の形式をふまえているのです。

（西郷竹彦）

【「たぬきの糸車」たしかめよみの指導案例】

ねらい	てがかり	てだて
たぬきに対するおかみさんの気持ちが大きく変わったことをとらえさせる。	・いたずらを ・そこで、わなをしかけました ・月のきれいな ・キーカラカラ　キーカラカラ　キークルクル　キークルクル （濁音がない） ・〈こちらを　のぞいて〉	○木こりのふうふは、たぬきをどう思っていましたか。（前時の復習） ○おかみさんが糸車を回す様子をイメージしてみましょう。 （可能であれば、月のイメージや糸車の声喩をひびき合わせて） ○〈こちら〉というのは、だれのほうですか。 （おかみさんの側から見ていることをわからせる。）

・ふき出しそうになりましたが、だまって　糸ぐるまを

・くりくりした目玉がこちらを

・糸車がキークルクル

・目玉も、くるりくるり

・まねをするたぬきのかげが

・「いたずらもんだが、かわいいな。」

○おかみさんが、だまって糸車をまわしていたのはなぜでしょう。

・おかみさんになって見る体験（同化体験）をさせてから考えさせる。

たぬきのようす

↓

おかみさんのきもち

㊴ことばを　たのしもう・しのひろば（ふろく）

濁音の発声とリズムを楽しむ「ぞうさんの　ぼうし」（なかがわ　りえこ）や「はやくちことば」の言葉あそびが三編載っています。音読をたっぷり取り入れ、正しい発音で日本語の楽しさを体験させましょう。

一三二頁の「しの　ひろば」には、「ピーマン」（くどうなおこ）、「けむし」（ねじめしょういち）、「おさるが　ふねを　かきました」（まど・みちお）の三編の詩があります。「ピーマン」は、比喩・活喩が一年生の子どもたちにはやや難しいかもしれません。「おさるが　ふねを　かきました」の詩の授業のあり方を紹介します。

（上西信夫）

「おさるが　ふねを　かきました」（まど・みちお）

◇一年生に近い人物

促音、拗音がたくさん使われているリズミカルでとても楽しい詩です。〈おさる〉という**人物**もかわいらしくて、まるで一年生の子どもたちを見ているようです。子どもたちもきっと親しみをもって読んでいくことでしょう。ただの動物のサルとして読むのでなく、人間と同じように考え、喜ぶ「人物」としてとらえていくことが大事です。そうすることで、自分たち人間に共通する姿があるということに気づき、他人事としてでなく自分と重ねて読むことができます。一年生ですが、少しずつそんな読みができるようにしたいものです。

◇《類比》することで見える〈おさる〉の姿

さて、一連から ～と ～しました。 という型の文がくり返されます（**類比**）。最初は〈ふねでも かいてみましょう〉と、なんとなく退屈だから船を描いてみたのでしょう。特別に船をりっぱに描こうという目的があったわけでもなく、何気なく始めたということが、「ふねでも」と「ふねを」と比べてみるとわかります。しかし、何気なく始めたことなのに、だんだんのめり込んでいっているのが次の連の〈おさる〉の行動からわかります。〈えんとつ〉をたて、〈しっぽ〉までもつけたすようになったからです。一連からくり返されていることを**類比**してみるからこそ、どんどん夢中になっていく〈おさる〉の姿がはっきり見えてくるのです。

◇《外の目》で見ることで

ところで〈えんとつ〉はわかりますが、〈しっぽ〉というのは、明らかにやりすぎです。でも〈おさる〉はとても満足して、〈ほんとに じょうずにかけたな〉と自画自賛し、〈さかだち〉までして大喜びします。〈おさる〉にしてみれば、物足りなくてつけたした〈しっぽ〉ですから、「にぎやかになった」とうれしくなるのも当然かもしれません。けれども〈おさる〉を《外の目》で見ると、おかしなことに満足して大喜びしている姿がなんともおかしく、かわいらしく見えてきます。でも、「自分にもこんなところがないか」と考えてみるとけっこうあるのです。なんとなくやり始めたことにだんだん本気になってとりくみ、そのうちやり過ぎてしまうということや、やりたくないことでもとりあえずやっているうちに、夢中になっていたという経験は誰でもあるでしょう。逆に考えると、とりあえずなんでもやってみることで、そのおもしろさに気づくこともあると言えます。

（秋元須美子）

【「おさるが　ふねを　かきました」の指導案例】

ねらい	てがかり	てだて
比較（類比・対比）することで、やっているうちに夢中になってしまうことがあるという人間の真実に気づかせる。	【一連】……比べてみる。 ・ふねでも　かいて～ ・ふねを　かいて～	○みんなで読みましょう。 ・リズムを感じながら楽しく読む。 ○〈おさる〉はどんな気持ちでふねをかき始めたかな。 ・「でも」と「を」では、すごくふねがかきたいのはどっちだろう

【二連】
・えんとつ～たてました
（自分から進んで）

【三連】
・しっぽも～つけました。

【四連】
一 ふねでも
= なんとなく
← むちゅう

四 じょうずに～
さかだち～
= うれしい

○〈おさる〉はどんな気持ちになってたかな。
・一連と比べてみよう。
○三連で〈おさる〉はどんな気持ちになっているかな。
・「も」にはどんな気持ちがありますか。
○三連で笑ってしまうところはどこかな。
・ふねにしっぽってどうかな。
○〈おさる〉はどうしてさかだちしたかな。
・一連の〈おさる〉と比べてみよう。
○〈おさる〉がさかだちしていることみんなはどう思うかな。
○みんなもこんなふうに、やっているうちに楽しくなってしまったことはないかな。

【「おさるが　ふねを　かきました」の板書例】

おさるが　ふねを　かきました

まど・みちお

ふねを

ふねでも　かいて　みましょうと

なんとなく

えんとつ　いっぽん

すすんで

しっぽも　いっぽん

ユーモア

ほんとに　じょうずに　かけたなと

さかだち　いっかい　やりました

うれしい

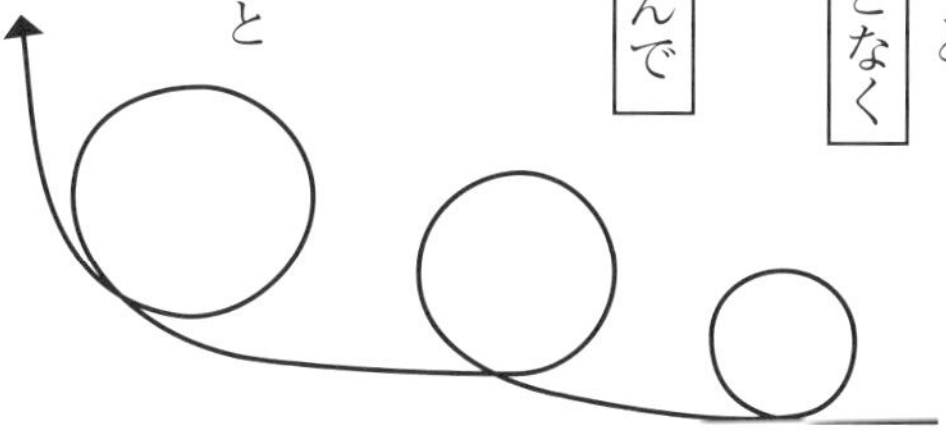

おさる　やっているうちにだんだんだんたのしくなった。

どくしゃ　ほんとうはへんだけど、おもしろいな。

かわいいな。

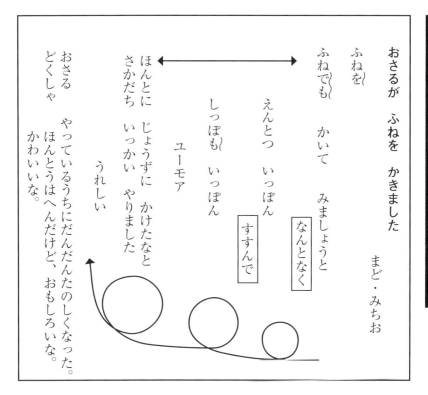

40 これは、なんでしょう

「尋ねたり応答したり、グループで話し合って考えを一つにまとめたりすること」の言語活動単元です。問題を出す**順序**（ヒントの順序）を考えることがポイントです。（上西信夫）

41 「どうぶつの　赤ちゃん」（ますい　みつこ）

◇観点にそって書かれている文章

この教材は、先の「じどう車くらべ」よりもずっと単純明快でしょう。教材文はこういう文章でなくてはいけません。いい説明文は学年の課題にそって主題が単純明快に一貫していること、題材が子どもの興味・関心に訴えるものであることの二つです。「どうぶつの　赤ちゃん」は教材としての条件を二つともかなえたみごとな教材です。このことは私（西郷）が、くり返し話したり、書いたりしているので読まれている方も多いと思います。〔『西郷竹彦文芸・教育全集4』（恒文社）に詳しく書かれています。〕

筆者のますいみつこさんは獣医さんで、上野動物園や多摩動物園の園長さんをされました。

まず、書き出しに**観点**が示されています。〈どうぶつの　赤ちゃんは、生まれたばかりのときは、どんな　ようすを　して　いるのでしょう〉と、「どんな　ようす」という問いがあります。次に〈そして、どのように　して、大きく　なって　いくのでしょう〉と、「どのように　大きく　なって　いくのか」という問いがあります。二つの問いが示されているのです。問いかけの形になっているので、そのあとのことは、問いに対する答えだということになります。

どうぶつの赤ちゃんといってもライオンとしまうまという二つの例を出しています。なぜその**順序**かということもありますが、まず最初に観点にそって書かれているのだということをしっかり押さえてください。観点にそって書かれているのがよい文章だということを学ばせる必要があります。

◇成長は時間の順序で

書かれている順序として、生まれたばかりのときの様子をまず書いて、次に、それからどのようにして大きくなっていくかということが書かれています。この順序が大事です。

どうぶつの赤ちゃんの成長が題材です。成長というのは時間的な経過で現れるので、問いも時間的な順序で出されています。また、答えも成長の過程にそって、時間的な順序で説明されています。こういう順序が低学年では非常に大事なことですから、そこをしっかり押さえておく必要があります。

◇頼りないライオンの赤ちゃん

〈ライオンの　赤ちゃんは、生まれた　ときは、子ねこぐらいの　大きさです〉と〈生まれた　とき〉の〈大きさ〉がまず語られています。それから、〈目や　耳は、とじた　ままです〉と〈目や耳〉のことを説明しています。

次に、おかあさんと似ているか似ていないかと、おかあさんと比べて生まれたときのことを説明しています。

ライオンは〈どうぶつの　王さま〉と言われるけれども、〈よわよわしくて、おかあさんにあまり　にて　いません〉。そうすると、どこか「へえっ。」という感じになります。百獣の王だから、ライオンの赤ちゃんは生まれながらにして威厳があるのだろうと思っていると、「そうでない」ということになります。意外性があります。

ここでは、どこに目をつけているかというと、〈大きさ〉、〈目と耳〉、それから〈おかあさん〉と比べて似ているか似ていないか、という三つのことに目をつけて**（着眼点）**、この順序でまず説明しています。

ところで、〈子ねこぐらい〉というのは比喩です。比喩は「〜のようだ」「〜みたい」というのが出てきました。しかし、「〜ぐらい」「〜ほど」というのは、**程度を表す比喩**です。ここでは、〈子ねこ〉というのは読者もよく知っているから、それをもってきて比喩しています。たとえているということを教えればいいでしょう。しかし、いずれ先になって、たとえには、比喩もあれば、声喩もあれば、活喩もあるというように教えてください。今の段階では、「たとえ」ということばで教えればいいのです。「〜のように」「〜みたい」というのも、「〜ほど」、「〜ぐらい」というのもたとえだというように教えてください。

さて、〈ライオンの　赤ちゃんは、じぶんでは　あるく　ことが　できません〉の〈じぶんでは〉ということばは大事です。だから〈よそへ　いく　ときは、おかあさんに、口に　くわえて　はこんで　もらうのです〉。なんとも頼りない、ということがくり返されています。

〈ライオンの　赤ちゃん〉は、〈二か月ぐらいは、おちちだけ　のんで　いますが、やがて、おかあさんの　とった　えものを　たべはじめます〉。〈一年ぐらい　たつと〉というふうに時間の経過が数字をあげて説明されています。そして、〈じぶんで　つかまえて　たべるようになります〉。ここに〈じぶんで〉とあります。〈じぶんで〉できるようになるということは、もう赤ちゃんではなくて一人前になったということです。赤ちゃんではなくなるのは自分でえさをとるようになることが目安になります。自分でできる、できないというのが一つの目安です。

◇ライオンと対比させるしまうまの赤ちゃん

次にしまうまの例が出てきます。〈しまうまの　赤ちゃんは、生まれた　ときに、もう　やぎぐらいの　大きさが　あります〉と、〈やぎ〉をもってきて、たとえています。〈もう　やぎぐらい〉と言っています。なぜ、わざわざ〈もう　やぎぐらい〉と言っているのでしょう。前のところは、もう子ねこぐらいではなくて、むしろ、やっと子ねこぐらいの、まだ子ねこぐらいの、なんとちっちゃいという意味での〈子ねこ〉でした。ライオンの赤ちゃんに比べてみると、生まれたばかりのときに〈もう　やぎぐらい〉の赤ちゃんだというのです。〈もう〉というこのことばには、筆者の読者に対する、「ほら、こんなに大きいのですよ。」という、強めの気持ちが、表れています。

〈目は　あいて　いて、耳も　ぴんと　たって　います。しまの　もようも　ついて　いて、おかあさんに　そっくりです〉と〈しまの　もよう〉だけでなく、いろいろなところがそっくりなのです。ライオンの赤ちゃんのほうは似ていないのに、しまうまの赤ちゃんのほうはそっくりと、ライオンとしまうまの赤ちゃんの様子が**対比**になっています。ライオンの赤ちゃんなのにすごく弱々しく、後のほうは、しまうまの赤ちゃんなのにすごくたくましいというように、対比的に見て言っています。そして、説明の順序はまったく同じ形をくり返しています。まず〈大きさ〉のことを言って、それから〈目や耳〉のこと、それから〈おかあさん〉と似ているかいないかということを言っています。これは前と同じ順序の反復（**類比**）です。

〈しまうまの　赤ちゃんは、生まれて　三十ぷんも　たたない　うちに〉という表現も強調した言い方です。なんとまあ三十分もたたない短い時間に、という言い方です。〈じぶんで立ち上がります〉。〈じぶんで〉というのが、ここにも出てきました。

〈つぎの　日には、はしるようになります〉の次に出てくる〈だから〉も大事なことばです。〈だから、つよい　どうぶつに　おそわれても、おかあさんや　なかまと　いっしょに　にげる　ことが　できるのです〉と、**理由**を表します。

◇例の出し方――とり合わせ

〈つよい　どうぶつ〉というのは、たとえば、ライオンです。ライオンが獲物として、一番多く襲うのはしまうまなのです。ライオンとしまうまは、ねことねずみという具合に身近な関係です。とり合わせといいます。〈しまうまの　赤ちゃんが、おかあさんの　おちちだけ　のんで　いるのは、たった　七日ぐらいの　あいだです〉。〈たった〉という言い方が、またあります。〈そのあとは、おちちも　のみますが、じぶんで　草も　たべるように　なります〉。〈じぶんで〉が、またあります。

このように表現のしかた、順序は類比になっていて、表現の内容は対比になっています。ただ、〈三十ぷんも〉とか〈もう〉とかのように、しまうまのほうは筆者が非常に強めた表現をしています。これは読んでいる人に、ある驚きを与えたいためです。

百獣の王ライオンの赤ちゃんがあんなふうに弱々しいのに、ライオンに追いかけられて食われる立場のしまうまの赤ちゃんのほうはこんなにすごいな、驚きだなあ、という衝撃を与えるための表現の効果をねらったものです。さし絵を見れば、非常によくわかります。ライオンの赤ちゃんは小さいのに、しまうまの赤ちゃんは大きいことがよくわかります。

これは、みなさんもおわかりの通り、肉食動物と草食動物の本質の違いがあります。この本質がわかることが大事です。肉食動物は強い動物で、おかあさんに守られているから、こんなにのんびり育っていくことができるのです。ところが草食動物は食われる立場の動物ですから、ライオンに、いつ襲われるかわかりません。襲われたときに赤ちゃんが逃げるのが遅かったら、しまうまの赤ちゃんはみんな犠牲になってしまいます。しまうまの赤ちゃんが犠牲になるということは、もう種の維持ができないことになります。しまうまの群れが、ライオンに襲われたときは、どういうことが起こるかというと、たいてい、年老いたしまうま、傷ついたしまうま、足の遅いものが狙われます。ライオンは、ねらったらそれだけを追いかけます。他のしまうまがいてもまったくわき目もふらず、ただそれだけを追いかけます。しかし、ライオンにはいつも同じスピードで走るという持続力はありません。ある距離の間に勝負をつけることができなければ、追うことをあきらめます。みなさんもテレビでご覧になったことはあると思います。

しまうまの「しま」は目立つでしょう。なぜあんなに目立つのかと、疑問があると思います。群れになって走っているとき、後ろから追いかけていくライオンにしてみれば、しまがあると、目がちらつくのです。どれがどれかわからなくなるのです。群れになって逃げるときに、ライオンの目をごまかすという、カモフラージュの効果があるのです。

ここには、二つの例が並べてあります。ライオンと、しまうまです。この二つの例を見ると、はじめのライオンは、肉食動物であり、後のしまうまは、草食動物であるというように対比できます。この対比を、もっとはっきり言えば、食う側と食われる側の対比になっているのです。この両者の本質が、それぞれの生き方の違いになって表れてくるのです。つまり赤ちゃんの生まれ方から育ち方まで、このような対比的な違いとなるのです。

（西郷竹彦）

【参考文献】『西郷竹彦文芸・教育全集4』（恒文社）

◉くらべて　よもう

本文・てびきの後に「くらべて　よもう」と、**比較（類比・対比）**して読むことを課題とした発展教材があります。ここでは〈しまうま〉と同じ草食動物の〈カンガルーの赤ちゃん〉が題材として取り上げられています。〈ライオンの赤ちゃん〉〈しまうまの赤ちゃん〉のとき学習した観点を一貫して順序よく読むこと。生まれたときのようすを目・耳・大きさで比べること。〈じぶんで草をたべるようになるまで〉の育ち方の違いを読んでいきます。

【「どうぶつの赤ちゃん」五段落　たしかめよみの指導案例】

ねらい

ライオンの赤ちゃんとしまうまの赤ちゃんを対比し、しまうまの赤ちゃんの意外な強さをとらえさせる。

てがかり

・三つの観点を表にして比べる。

○**ライオン**の赤ちゃんは、おかあさんに似ていなくて、たよりない赤ちゃん。

てだて

◉めあて

> ライオンとしまうまの赤ちゃんの生まれたばかりのようすをくらべよう。

○生まれたばかりのライオンの赤ちゃんは、どんな赤ちゃんでしたか。（前時の復習）

○しまうまの赤ちゃんをライオンの赤ちゃんと比べてみましょう。

※ライオンと同じ三つの観点

①〔大きさ〕②〔目と耳〕

③〔おかあさんと似ているか〕

※対比した発表ができるようにする。

①大きさはどうですか。

・大きさがわかるようにするために、

イメージ
ちいさい
たよりない

（それにくらべて、でも、しかし、が）

○しまうまの赤ちゃんは、
・大きさ…もう、やぎぐらいです。
・目…あいている。
・耳…もぴんとたっている。
・しまもようもついている。
・おかあさんにそっくりです。

イメージ
おおきい
しっかりしている

どんな工夫をしていますか。（たとえ）
②目や耳はどうですか。
・早く目が開いて耳が聞こえれば、どんないいことがありますか。
③おかあさんと似ているかについてはどうですか。
○驚いたことがありますか。
・筆者が驚いているところも見つけましょう。〈もう、ぴんと、も〉
○違いがどうしてよくわかりましたか。
・かんてんをきめて対比したから。

【「どうぶつの赤ちゃん」五段落の板書例】

どうぶつの　赤ちゃん　ますい　みつこ

◉めあて　ライオンとしまうまの赤ちゃんの生まれたばかりのようすをくらべよう。

かんてん	ライオンの赤ちゃん	しまうまの赤ちゃん
大きさ	子ねこぐらい	もうやぎぐらい
目と耳	とじたまま	目はあいて　耳もぴんとたって
おかあさんとにているか	よわよわしい おかあさんににていない	しまのもようも おかあさんにそっくり

それにくらべて、でも、しかし、が（**たいひ**）

ひっしゃ

↓

もう○○ぐらい

ぴんとたって

しまのもようも

びっくり

すごい

どくしゃ

みかた……**かんてんをきめて、るいひ、たいひ**

42 「だって　だっての　おばあさん」（さの　ようこ）

◇仕掛のある題名

とてもおもしろい題名です。「だって　だって」なんて子どもみたいだな、どんなおばあさんなんだろうと知りたくなります。読者をお話の世界に引きこんでいく**仕掛**のある題名です。

◇類比して人物像を考える（一の場面）

では、読者の興味・関心にそって、どんなおばあさんか**（人物像）**を考えていきましょう。そのためには、人物の言動を見ていくことが大切です。〈さかなつり〉にさそわれると、〈「だって、わたしは　九十八だもの。」〉と断わります。〈まめのかわを〉むくときも、〈おひるねをするときも、やっぱり〈「だって、わたしは九十八だもの。」〉と言います。その後も何かあるたびに〈「だって、わたしは　九十八だもの。」〉〈「だって、わたしはおばあちゃんだもの。」〉と「だって」「だって」を連発します。

このようなおばあさんの言動を**類比**してみると、自分の年齢を言い訳に、はじめからできないと決めつけていることがわかります。

◇マイナスをプラスに転じさせるおばあさんをとらえる（二の場面）

そんな〈おばあさん〉に大変な出来事が起きます。〈おたんじょう日〉の〈ろうそく〉が、ねこの失敗で五本になってしまったのです。がっかりしつつも〈「五本だって、ないより　ましさ。」〉〈「わたし、五さいに　なったのよ。」〉と、九十九という数にこだわることを捨てています。マイナスをプラスに転じさせることのできるおばあさんの明るさ、考え方の柔らかさをとらえさせたいと思います。この考え方があってこそ、後半のおばあさんがあるのです。

◇前半と後半のおばあさんを比較する（三の場面）

後半は、前半の場面のおばあさんの言っていること、していることと**比較**してみるといいでしょう。

変わらずくり返されていること（**類比**）は、「だって……もの」という口癖（考え方）です。でも、行動は一変しています（**対比**）。さかなつりにさそわれると〈「だって、わたしは九十八だもの。」〉と断っていたのに、〈「だって……。あら、そうね。五さいだから、さかなつりに　いくわ。」〉と元気よく出かけます。九十四年ぶりに川をとびこしたり、ながぐつをぬいで川に入ったり、みちがえるような元気さです。最後には、〈「五さいって、なんだか　ねこみたい。」〉と、とてもごきげんです。九十八には似合わないと言っていたことを、〈「五さいだもの。」〉と考えることでやってのけるおばあさん。おばあさんの前に広がる世界は、より自由で楽しいものになりました。
もし、おたんじょう日のろうそく九十九本にこだわり、ねこの失敗をいつまでも気にし続けるおばあさんだったら、こういう喜びは味わえなかったでしょう。ろうそくが五本しかないおたんじょう日を〈「五さいに　なったのよ。」〉と考える柔軟さが、自分を解き放ったといえるでしょう。

◇ユーモアの体験

人物たちの言動が常識とずれているところに読者はおかしさを感じます。これを**ユーモア体験**といいます。この教材は、おばあさんもねこもいたってまじめに話し、まじめに行動しているのですが、読者にはクスッと笑いたくなるようなところが随所にあります。このユーモアを十分体験させながら授業を進めてほしいと思います。人物たちになりきる**同化**の読みが強いとユーモア体験はできませんので、人物たちの言ったこと・したことを外側から見る**異化体験**に重きをおいて進めるといいでしょう。

（葛西利伊子）

43 いいこと いっぱい、一年生

一年間をふりかえって、思い出を書こうという作文のまとめの単元です。「うれしかったこと・たのしかったこと・おどろいたこと・がんばったこと・できるようになったこと・あたらしくしったこと」と**観点**が示されています。子どもの作文は、ある日ある時の気持ちが動いた時に一気に書いた作品の方が、生き生きとした文章が書けるものです。日常的に子どもたちに書かせる指導を大切にして、一枚文集としてその都度読みあったものを綴った作文をまとめの文集として発行することもやってみましょう。

また作文を書くということと、学級づくりということをつなげる発想も大切です。一年を通じて「がんばったこと」「できるようになったこと」「学級の宝」「学級の事件やニュース」「行事」などが時間順に掲示してあり、一目で一年間のあゆみや成長がわかるようにしておくことです。そのような工夫があると子どもたちの意欲もより増すのではないでしょうか。

（上西信夫）

おわりに

　本書は旧『教科書指導ハンドブック』（新読書社・二〇一一年刊）を基にして、二〇一五年度版教科書（光村図書）に合わせて改訂したものです。西郷文芸学理論と教育的認識論に依拠して教科書教材を分析・解釈し、授業化する際の重要な観点を示した内容となっています。

　文芸教育研究協議会に所属する全国のサークル員が各単元を分担執筆していますので、文芸研で使用する用語の解説が重複している部分もありますが、読者のみなさんがどこから読み始めても理解していただけるように、あえてそのままにしてあります。また、重複はしていても決して矛盾はしていないはずです。五〇年にわたる文芸研の理論と実践の研究は集団的に積みあげられてきていますので、本書のどのページを開いていただいても、整合性のある文芸研の主張が読みとっていただけるものと思います。

　さて、昨今の国語科教育の現場を俯瞰すると「言語活動の充実」「単元を貫く言語活動」ということが声高に叫ばれ、リーフレットづくり、ペープサート、音読劇、読書発表会などを中心にすえた単元構成学習が極端に多くなっています。授業で学んだことを表現活動に生かすこと自体に反対するものではありませんが、文芸を文芸として（作品を作品として）読むことの軽視、あるいは無視については看過するわけにはいきません。

これまで国語の教室で大切にされてきた、教材に向き合って場面ごとにイメージと意味の筋を追い、読み深め、子どもたちが多様な読みを交流し合い、語り合う授業は、今や「古い授業」と批判の対象にさえなっています。多くの国語教師は、深い「教師の読み」があってこそ子どもたちに真の国語科の力が育つと信じ、全力を傾けて教材研究に打ち込んできたものですが、近年横行している、ほんの二～三時間で教材の「あらすじ」を確認したら残り時間は「言語活動」に充てるという授業なら、教材研究など必要ないでしょう。しかし、そのような授業をしていては、国語科で育てるべき学力が子どもたちに身についていくはずがありません。深い教材研究と教授目標の明確化こそ、多様な子どもたちの読みを意味づけ、立体化・構造化し、真の意味で子どもの主体的な学びを保障することになります。

今こそ、深い教材研究に根ざした国語の授業の創造が求められています。本書が、全国の先生方の教材研究の一助になり、子どもたちが楽しく、豊かに深く学ぶ授業につながっていけば幸いです。

また、本書では紙幅の都合で詳細な授業構想・授業記録についてふれることはできませんでしたが、それについては、今夏、新読書社より刊行予定の『文芸研の授業シリーズ』（教材別・小学校全学年・全十八巻予定）をご参照ください。

編集委員会

34 むかしばなしが　いっぱい
39 ことばを　たのしもう・しの　ひろば
40 これは　なんでしょう
43 いい　こと　いっぱい、一年生
髙橋睦子（青森文芸研・津軽サークル）　7 わけを　はなそう
21「いちねんせいの　うた」
33「まの　いい　りょうし」
後藤美智子（大阪文芸研・枚方サークル）　24「ゆうやけ」
花岡美由紀（大阪文芸研・枚方サークル）　26「うみの　かくれんぼ」
葛西利伊子（青森文芸研・津軽サークル）　36「てんとうむし」
42「だって　だっての　おばあさん」
秋元須美子（青森文芸研・津軽サークル）　39「おさるが　ふねを　かきました」

指導案例・板書例執筆者紹介（執筆順）

髙橋睦子（青森文芸研・津軽サークル）　18「おおきな　かぶ」【指導案例・板書例】
35「ずうっと、ずっと、大すきだよ」【指導案例】
38「たぬきの　糸車」【指導案例】
秋元須美子（青森文芸研・津軽サークル）　28「くじらぐも」【指導案例・板書例】
39「おさるが　ふねを　かきました」【指導案例・板書例】
斎藤千佳子（青森文芸研・津軽サークル）　41「どうぶつの　赤ちゃん」【指導案例・板書例】
教材分析・指導にあたって　編集委員
おわりに　編集委員

執筆者紹介（執筆順）	執筆担当教材名
西郷竹彦〈文芸研会長〉	低学年の国語でどんな力を育てるか
	1 入門期の国語指導
	2 えを　みて　はなそう
	4「はなの　みち」
	6 ねこと　ねっこ
	9「くちばし」
	12「あいうえおで　あそぼう」
	14「おむすび　ころりん」
	16 は・を・へ　を　つかおう
	18「おおきな　かぶ」
	19 ほんは　ともだち
	28「くじらぐも」
	32「じどう車くらべ」
	35「ずうっと、ずっと、大すきだよ」
	37 ものの　名まえ
	38「たぬきの　糸車」
	41「どうぶつの　赤ちゃん」
松下由記子（大阪文芸研・枚方サークル）	3「あさの　おひさま」
上西信夫（千葉文芸研・松戸サークル）	5 ぶんを　つくろう
	8 おばさんと　おばあさん
	10 おもちやと　おもちゃ
	11 おもいだして　はなそう
	13 おおきく　なった
	15 たからものを　おしえよう
	17 すきな　こと、なあに
	20 こんな　ことを　したよ
	22 なつやすみの　ことを　はなそう
	23 ひらがな　あつまれ
	25 かたかなを　みつけよう
	27 かずと　かんじ
	29 しらせたいな、見せたいな
	30 かん字の　はなし
	31 ことばを　見つけよう

【監修者】
西郷竹彦（さいごうたけひこ）
文芸学者・文芸教育研究協議会会長

【編集委員】五十音順　＊は編集代表
上西信夫（千葉文芸研・松戸サークル）
奥　葉子（大阪文芸研・枚方サークル）
曽根成子（千葉文芸研・松戸サークル）
髙橋睦子（青森文芸研・津軽サークル）
藤井和壽（広島文芸研・福山サークル）
村尾　聡（兵庫文芸研・赤相サークル）
＊山中吾郎（千葉文芸研・大東文化大学）

光村版・教科書指導ハンドブック
新版　**小学校一学年・国語の授業**

2015年 5月9日　初版1刷

監修者　西郷竹彦
編　集　文芸教育研究協議会
発行者　伊集院郁夫
発行所　（株）新読書社
東京都文京区本郷 5-30-20　〒 113-0033
電話 03-3814-6791　FAX03-3814-3097

組　版　七七舎　　印　刷　日本ハイコム（株）
ISBN978-4-7880-1190-4 C3037